운명을
뛰어넘는 길

 본문에서는 요범사훈을 료범사훈으로 표기하였습니다.
한글맞춤법에 따라서 두음법칙을 적용해야 하지만,
중국 원음에 가깝게 표기하고 싶다는 옮긴이의 강력한 요청에 의해서
인명(人名)과 제명(題名)은 두음법칙을 적용하지 않았기 때문입니다.

요범사훈

운명을 뛰어넘는 길

원황 지음
김지수 옮김

불광출판사

차례

『료범사훈(了凡四訓)』을 옮기고 나서(譯序) … 006
전면 교정판을 내면서 … 013

제1편 요순(堯舜) 성현 따로 있나? 내 인생은 내 책임! … 019
제2편 제 탓이요 제 탓이요, 양심세탁(良心洗濯) 깨끗이! … 039
제3편 정(情) 든 사람 헤어진들 공(功) 든 탑이 무너지랴? … 051
제4편 익을수록 고개 숙듯, 낮은 대로 임하소서! … 091

료범 원황 선생의 전기 료범사훈 옛날 서문 … 101

- 료범 원황 선생의 전기(了凡袁黃傳記) … 102
- 료범사훈 옛날 서문 … 113
- 인광 대사 서문(印光大師序文) … 121

- 원료범사훈 중판 서문 … 131
- 료범사훈 백화본 서문 … 138
- 인쇄 증정(法布施)에 대한 설명 … 141
- 운곡 대사 전기(雲谷大師傳) … 145
- 스스로 아는 기록을 권하며(自知錄序) … 161

부록
- 넙운대(聶雲臺) 선생의 경심재 수필(耕心齋隨筆) … 190
- 유정의(兪淨意) 선생이
  조왕신(竈王神: 부뚜막신)을 만난 실화 기록 … 195
- 태상감응편(太上感應篇) … 212
- 주자가훈(朱子家訓) … 238

『료범사훈(了凡四訓)』을 옮기고 나서(譯序)

序詩   서시

身弱且心柔	몸은 허약하고 마음까지 여린데
豈望寒與暗	어찌 추위와 어둠을 바라리오만
無冬焉知松	겨울이 없다면 소나무는 어이 알며
非夜安見星	밤이 아니어든 별은 어떻게 볼까?
未盡天下憂	천하의 근심이 다하지 않았는데
何暇私己樂	어느 겨를에 내 즐거움 있으리오?
黙惟所以來	온 까닭을 그윽이 생각해 보면
自明攸應往	가야 할 길이 절로 밝아지네.

"굽은 솔이 선산(先山) 지킨다."는 속담이 있습니다. 또 공자는 "날씨가 추워진 연후에 소나무와 잣나무가 시들지 않음을 알 수 있다(歲寒然後, 知松柏之後凋)."는 명언을 남겼습니다. 첫 출판을 준비하던 해(1996년) 겨울처럼 혹독(酷毒)한 한파(寒波)가 몰아치는 날씨에, 더욱 실감나는 탄식이었습니다. 그런데 그러한 날씨는 그리 춥지 않고, 세상 인심이 너무 차갑게만 느껴지는 것은 왜일까요? 천기불한인심한(天氣不寒人心寒)! 이른 봄 매화 꽃망울을 터뜨리기 위해 준비하는 뼛속 스미는 한기(寒氣)인가요?

박사 과정을 휴학하고 국립대만대학(國立臺灣大學) 법률학연구소(法律學硏究所)에 유학(遊學) 갔다가, 우연히 『료범사훈 백화 번역문』을 읽고 감동과 경탄을 금하지 못하던 기억이 아직도 엊그제 일처럼 생생합니다. 그런데 돌이켜 헤아려 보니 벌써 9년 전의 일입니다. 참으로 광음(光陰)은 덧없이 빠르게 지나갑니다. 그때 이 글을 한글로 번역해 소개하고 싶은 서원(誓願)이 나도 모르게 저절로 마음에 일어나, 원문(原文: 古文本)을 구하려 했으나 끝내 찾지 못하고 귀국하게 되었습니다.

무심코 품은 서원의 씨앗이 싹트기 시작한 것은, 1994년 1월 박사학위논문 제출을 마치고 학위 수여식 전에 잠시 대만에 들를 때였습니다. 그때 한 도서관에서 원문이 실린 『료범사훈』을 발견하고, 책 뒤에 적힌 연락처로 전화를 걸어 사정을 이야기했더니, 기꺼이 책 3권을 나의 임시 숙소로 우송해 왔습니다.

귀국하여 원문으로 다시 읽는 『료범사훈』의 감동은 여전하면서도 또 다른 새로운 맛이 있었습니다. 그 뒤 1995년 제1학기에는 서울대학교에 천인대동서당(天人大同書堂)을 사설(私設)하여, 1백여 명의 노자(老子) 강의와 별도로, 10여 명이 참석한 『료범사훈』 원전 강의를 동시에 진행하였습니다. 한문 원전에 대한 해설과 주석은 물론, 글의 실질 내용인 수양의 원리와 방법에 관해서도, 지금까지 내가 보고 듣고 배우고 또 스스로 닦으며 체험하고 느낀 바를 숨김없이 쏟아 부었습니다.

그리고 그 강의 내용을 전부 정리하고 나니, 정말 제법 방대한 저술이 되었습니다. 첨삭과 수정 보충까지 마쳐 초고는 이미 마무리하였으나, 아직 시절인연(時節因緣)이 덜 무르익은 듯하여, 한문 원전과 번역·주석·해설 강의를 총망라한 글은 당장 출판하기 어려움을 느끼고(이 강의록은 2009년 전남대출판부에서 '儒佛仙 人生觀'이라는 제목으로 출판함), 우선 번역문이라도 조그만 책자로 출판하기로 마음먹었습니다. 진리(眞理)와 정법(正法), 명덕(明德)과 중도(中道)를 추구하고 심성(心性) 수양을 원하는 많은 사람들과 선량한 인연(因緣)을 널리 맺고 싶었던 것입니다.

  원고는 진작 마련하였습니다. 허나 나 자신의 개인 항로(航路)를 선택하고 준비하느라 정신을 기울이고, 주위의 조연(助緣)도 아직 미흡한 까닭에, 출판이 조금 늦어지게 되었습니다. 지금 생각하니 부끄럽고 송구스럽기 짝이 없습니다. "사람의 계산이 하늘의 계산(안배)만큼 정교하지 못하다(人算不如天算巧)."는 속담이 새삼 절실히 느껴집니다. 아집(我執) 섞인 기다림의 명분과 속셈으로 출판을 질질 늦춘 세월을 늦게나마 진심으로 참회하면서, 이 글을 세상에 내 놓습니다.

  질질 끄는 동안 도교(道教)의 태상감응편(太上感應篇)을 부록으로 번역하였습니다. 최근에는 번역의 저본(底本)을 출판했던 대만의 양선잡지사(揚善雜誌社)와 서신 연락이 닿아, 새로이 주자가훈(朱子家訓)을 입수하여 번역하였습니다. 두 문장을 번역해 덧보탠 것이 질질 늦춘 허물을 조금이나마 미봉(彌縫)할 수 있을지는 하늘만이 알 것이며, 독자 여러분의 판단에 맡기기로 합니다.

  "진리(道)의 세계에 멋모르고 뛰어들어 이해하고 깨달아가기는 정말로 점입가경(漸入佳境)인데, 그 진리(道)를 알고서 세상 밖에 나와 몸소 실행하고 퍼뜨리기는 과연 첩첩산중(疊疊山中)이다."

정작 이 글을 출판하려고 마음먹고, 차분히 교정을 보며 서문을 쓰는 동안, 부끄러움과 두려움이 동시에 교차하면서, 새삼 뼈저리게 심령(心靈) 깊숙이 울려나오는 나 자신의 탄식입니다. 스스로 돌이켜보면, 아직 불혹(不惑)의 연령에 이르지 못한 탓인지, 부동심(不動心)의 수양 경지에 들지도 못했습니다. 또 말과 행동과 생각이 삼위일체로 모두 청정(淸淨)함을 이루지 못하여, 이 글의 출판이 오히려 세인(世人)의 비웃음과 비방거리만 되지 않을까 부끄럽고 두렵기도 합니다.

허나 이 번역문은, 단지 료범(了凡) 원황(袁黃) 선생의 평생 수행 체험 기록을, 4백년이 지난 한국의 대중에게 시공(時空)을 뛰어넘어 전해드리는 하나의 도구 방편으로 여길 따름입니다. 나 자신 또한 더 많은 훌륭한 성현군자(聖賢君子)와 부처 보살(佛陀菩薩)의 종자를 찾아, 진리의 인연(法緣)을 맺어 주는 중간매개의 사절(使節)로 자처하고 싶습니다. 이른바 "벽돌을 내던져 주옥을 이끄는(拋磚引玉)" 길이나 마중물이 되고 싶습니다. 이 글이 비록 출가수도(出家修道)의 법문(法門)으로는 충분하지 못할지라도, 재가수신(在家修身)의 지침(指針)으로는 결코 손색이 없다고 확신합니다.

료범사훈 한글 번역문을, 제가 쓴 인생지남(人生指南)에 곁들여 법공양판으로 6천여 부 찍어, 공공 도서관과 군대·교도

소에 배포한 지 3년이 지났습니다. 법보시에 미련과 집착을 쉽사리 떨치지 못한 제 마음 때문에 약간의 우여곡절은 있었지만, 불광출판사에서 제 발원을 기꺼이 받아들여, 실비로 법공양 3천부를 인쇄해 줌과 동시에 공식 출판까지 해 주겠다고 선뜻 결단하였습니다.

불법승(佛法僧) 삼보의 자비광명 가피로 여기며 찬탄을 바칩니다. 그리고 영리성을 떠나 정법(正法) 홍양(弘揚)의 출판이념으로 법공양과 공식 출판을 동시에 자청해 주신 불광출판사에도 진심으로 수희찬탄과 감사를 드립니다.

특히, 이 책의 원저자인 료범 선생과, 이 글을 읽고 강의하고 정리·번역·타자·인쇄하는 과정에서 선량한 인연을 맺은 모든 분들께 진심으로 감사드립니다. 또 이 책의 출판 비용(財源)을 마련하는 데 십시일반의 보시로 동참한 모든 대덕(大德)께도 고마움을 바칩니다.

누구나 꼭 한번 읽어볼 만한 책인데, 시절인연이 그러한지라, 모든 분께 법보시하지 못하는 저의 무능력이 송구스러울 따름입니다. 아무쪼록 착하고 넉넉한 마음들을 내시어, 주위의 인연 있는 분들께 두루 권하시길 간청합니다. 그래서 교파와 종파, 출가와 재가를 막론하고 되도록 많은 분들이 이 글을 다함께 읽고 지혜와 복덕을 나란히 수행해서, 우리 모두 료범(了凡) 원황(袁黃) 선생님처럼 금생에 평범한 중생 노릇을 끝마치고 단박에 성인의 경지에 들어, 지긋지긋 괴로운 생사윤회를 벗어나 극락정토(또는 天國)에 왕생할 수 있기를 간절히 기도 발원합니다.

끝으로 이 글이 다원화한 현대사회에 종교 대동화합의 아름다운 마음과 기풍을 널리 심고 퍼뜨리며, 남북한 자주평화통일을 앞당기는 조그만 불씨가 되길 기원합니다.

경진(庚辰)년 칠월 초하루(2000.7.31.) 연정재(蓮淨齋)
옮긴이 삼보(三寶)제자
보적 거사(寶積居士) 김지수(金池洙) 합장

*

[이 글은 병자년(丙子年) 섣달(臘月) 열여드레(1997.1.26.) 관악(冠岳) 신림동(新林洞) 연정재(淵靜齋)에서 쓴 법공양판 서문을 손질하고 보충해 다시 쓴 것임.]

내면서 전면 교정판을

료범사훈을 강의한 뒤 손질해서 처음 법공양판을 낸 지 벌써 15년이 되어가고, 공식 출판한 지도 12년 가까이 되었다. 그 뒤로 수많은 착한 대덕 군자숙녀들이 이 책을 적게는 몇 권씩 사서 친지들에게 나눠주기도 하고, 많게는 몇 백 권씩 법공양을 하여, 제법 꾸준히 인쇄를 거듭하였다. 나중에 안 사실이지만 어느 훌륭한 화상(和尙)께서 이 글을 번역해 출판을 준비하던 중에, 내 글이 먼저 나와 기선을 놓쳐 아쉬워하셨다는 얘기도 들렸다.

실제로 이 책을 보고 몇몇 사람들은 조금씩 다른 판본을 출판하기도 한 모양이다. 더러는 옮긴이 이름은 쏙 빼버리고,

글의 내용을 말투만 조금 손질해 낸 경우도 있는 듯하다. 선서(善書)는 인연 따라 골고루 널리 많이 퍼지는 게 좋으니, 다양한 모습으로 펴내는 것은 바람직하다. 다만, 목적이 아무리 훌륭해도, 수단이 올바르지 못하면 열매가 끝내 아름답지 못하다는 성현들의 가르침을 새김직하다. 세속법(俗諦)과 진리법(眞諦)이 다르지 않으므로, 현대의 법치주의 정신을 존중하여 앞선 저작권과 판권을 존중하고, 수행자로서 자신의 지성과 양심을 잘 지키는 계율과 법도가 필요하다. 공덕과 명예에 욕심이 앞선 나머지 정도(正道)와 정법(正法)을 잃어버리면, 껍질만 줍고 알맹이는 흘리는 본말전도(本末顚倒)의 안타까운 헛수고가 아니겠는가?

　료범사훈을 인광대사가언록(印光大師嘉言錄)과 함께 출판하고 법공양을 조금 한 덕분도 함께 작용했는지, 오랜 가뭄에 단비 만난 듯, 박사학위 받은 지 7년 만에 42세의 늦깎이로 전남대 전임강사에 부임하였다. 그리고 연구와 강의에 매달려 정신없이 눈 깜짝할 새 10년이 훌쩍 지나버렸다. 그동안 번역해둔 원고를 정리해 『불가록』과 『의심 끊고 염불하세』를 내고, 연구년 때 『부처님의 마지막 가르침 - 유교경』을 새로 번역하고, 료범사훈 강의록을 깔끔히 정리해 『유불선(儒佛仙) 인생관(人生觀)』으로 펴냈다. 또, 채식수행하며 적어둔 글들을 모아 『채식명상 20년』도 출판했다.

  대만대학 유학시절 대만에서 여러 단체들이 온갖 선서(善書)를 무료로 법공양하는 기풍을 몸소 보고 느낀지라, 나는 책을 처음 낼 적부터 실비로 널리 법공양하는 걸 포부로 간직했다. 불광출판사에서 낸 두어 권의 책이 꾸준히 제법 나가 수지(收支) 맞은 뒤로, 출판사의 시판과 별도로 내가 직접 인연 닿는 대로 법공양 출판을 병행하겠다고 정중히 요청하여, 동의를 받아두었다.

  이러한 선서(善書)와 부처님 법을 인연으로 이윽고 법공양의 법연(法緣)이 찾아왔으나, 정작 내 몸과 정신이 학교 일에 지쳐 통 여유가 나지 않아 자꾸 미루었다. 마침내 지난 여름엔 장마 동안 법학전문대학원(Law School) 교재를 3주 남짓 정성 들여 재판교정한 뒤, 이 책을 전면 교정하느라 이레 가까이 심혈을 기울였다.

  이제 그 시절인연이 무르익어 법공양 출판을 앞두고 글을 전면 교정하게 된 이유는 이러하다. 대학에 부임하기 전까지 나는 완전 컴맹으로, 전부 손으로 연필로 원고를 써서 나한테 강의를 들은 동학(同學)이나 출판사에 맡겨 타자한 뒤 출력본을 교정 보았다. 그래서 컴퓨터의 자동 맞춤법확인 기능을 전혀 모르다 보니, 세심하게 교정한다고 했지만 지금 보니

오자나 맞춤법 틀림이 꽤나 나온다. 그리고 예전에 이오덕 선생님의 『우리 문장 쓰기』 책을 한번 읽고 글 쓸 때 유념한다고 했지만, 서양서 번역문체에 푹 절어 있던 오랜 습관이 나도 모르게 새어나와 거친 표현이 적지 않았다.

그러다 2007년 한겨레신문과 경향신문에 글을 몇 번 발표했는데, 이수열 선생님이 보고 오려내어 자상한 교정 표시를 해 보내오셨다. 감사하고 황송하여 그 뒤로 더욱 한글을 갈고 닦아야겠다는 각성을 하고, 이미 펴낸 책은 앞으로 기회가 닿으면 새로 손질하리라 마음먹었다. 이러한 인연들이 아우러져 마침내 지난 여름 법공양판 인연으로 재판을 위한 전면 교정을 정성들여 하게 되었다.

쉰 살이 넘으면서 덧없는 색신(色身)은 뚜렷이 늙어지며 현신설법(現身說法)한다. 더 늦기 전에 내 할 일을 부지런히 정진(精進)하라고 일깨우며 채찍질하는 듯! 든든하게 믿었던 다리도 힘이 달리니 걷기가 느려지고, 빗물과 약수를 부지런히 받아 나른 어깨도 50견인지 아파 오며, 시력은 갈수록 약해져 글 보기가 힘든데다 타자는 아직도 독수리타법이니 한심하다. 지난해 겨울 혹한엔 『논어(論語)』를 완강(完講)한다고 방학까지 과로하다가 허리가 삐끗해 두 달 가까이 몹시 고생했다.

지난 봄부터는 그렇게 자신했던 이(齒牙)마저 지근지근 아파오니, 바야흐로 사면초가에 몰렸는가?

그래, 이제 다시 교수가 되기 전 처음 도 닦기 시작하던 그때 초발심(初發心)으로 되돌아가서 새로이 시작하자. 인생 하직할 날도 점점 가까워지는데, 이렇게 인순(因循)에 답습(踏襲)하며 어영부영 허송세월할 순 없지 않은가? 다행히 최근 불보살님들께서 새로운 인연의 실마리로 격려와 위로를 이따금씩 보여주셔서, 그나마 위안으로 삼으며 호젓이 내 길을 걸어가고자 한다. 지금, 그리고 앞으로도 이 료범사훈을 널리 퍼뜨리는 연분에 동참하여 도와주시는 모든 분들께 진심으로 감사드린다.

신묘(辛卯)년 섣달 보름날 2012. 1. 8. 일. 한낮
엄동설한 빛고을 운암골 연정재(蓮淨齋)에서
옮긴이 보적(寶積) 김지수(金池洙) 공경 합장_()_

제 1 편

요순(堯舜) 성현따로 있나?
내 인생은 내 책임!

운명 수립의 학문
(立命之學)

I

나는 어렸을 때 아버지를 여의었는데, 홀어머니께서 학업을 그만두고 의술을 배우라고 분부하셨다.

"의사가 되면 의술로 생활을 꾸릴 수 있을 뿐만 아니라, 남을 구제할 수도 있고, 또 의술에 정통하면 명의(名醫)로 명성을 떨칠 수도 있다. 이것이 네 아버지의 숙원(宿願)이다."

그 뒤로 내가 자운사(慈雲寺)에 있을 때, 한 노인을 만났다. 긴 수염과 위엄 있는 모습이 마치 금방이라도 표표히 날아오를 신선 같았다. 내가 그분께 공손하게 인사를 드리자, 그 노인은 나에게 이렇게 물었다.

"그대는 벼슬길을 갈 사람이오. 내년이면 학궁(學宮: 현립학교)에 진학할 텐데, 어찌 책을 읽지 않는가?"

내가 그 까닭을 말씀드리고, 다시 노인에게 머리를 조아려 예를 올리며 존함과 거처를 여쭙자, 노인은 이렇게 대답하였다.

"나는 성(姓)이 공씨(孔氏)고, 운남(雲南) 사람이오. 소옹(邵雍)의 황극경세서(皇極經世書)에 담긴 수리(數理: 周易의 義理와 象數)를 정통으로 전해 받았소. 그런데 이제 그 수리를 마땅히 그대에게 전해 주어야겠소."

그래서 내가 공 선생님을 모시고 집으로 돌아와 어머니께 여쭈었더니, 어머니는 그분을 잘 대접하라고 말씀하셨다. 그분의 수리(數理)가 어떠한지 시험해 보았더니, 아주 사소한 것까지 모두 영험하였다.

나는 곧 책을 읽고 싶은 마음이 생겨, 심칭(沈稱)이라는 외사촌 형과 상의했다. 그러자 외사촌 형이 선뜻 격려해 주었다.

"마침 욱해곡(郁海谷) 선생이 심우부(沈友夫)라는 사람의 집에 사설 학관(學館)을 열었다네. 그러니 내가 자네를 그곳에 보내 함께 학문을 배우도록 주선하기가 아주 간편하다네."

그래서 나는 욱 선생님을 찾아가 인사드리고 스승으로 모셨다.

공 선생님(孔先生)이 내 운수를 뽑아 보았는데, 그 내용은 이러하였다.

"현(縣)의 동생(童生)[01] 고시에서는 제14등으로 합격하고, 부(府)에서 보는 시험은 제71등으로 합격하며, 제학고(提學考:

---

01) 동생(童生): 문동(文童)이라 별칭함. 명청(明淸)대 과거제도에서 생원(生員: 秀才)시험을 보는 사람은 연령의 고하를 막론하고 모두 유동(儒童)이라 부르는데, 관습상 동생(童生)이라 일컬음.

省에서 주관하는 시험)에서는 제9등을 할 것이다."

다음해 시험을 쳤는데, 세 시험의 등수가 모두 일러준 대로 딱 들어맞았다.

다시 평생 동안의 길흉을 다 점쳐 보고는 이렇게 말씀하셨다.

"어느 해에 시험을 보면 몇 등이고, 어느 해에는 과거 응시생의 신분자격을 점검해 보증하는 름생(廩生)[02]의 자리에 끼겠소. 어느 해에는 공생(貢生)[03]이 되고, 공생에 뽑힌 뒤

---

02) 름생(廩生): 름(廩)은 쌀 곳간이나 곳간 쌀의 뜻인데, 관청에서 나눠주는 쌀을 가리킨다. 름생(廩生)은 과거제도의 생원(生員) 명목의 하나인데, 명(明)나라 때 부(府)·주(州)·현(縣)의 학교에 다니는 생원은 나라에서 매달 쌀을 주어 생활비를 보조하여, 그 쌀을 받는 생원이라는 뜻이다. 주요 직무는 과거시험에 응시하는 동생(童生)이 청렴하지 못하거나 차명 대리 응시하지 않는지 점검하여 보증하는 일인데, 이런 수속을 관습상 보름(補廩)이라 한다. 청(淸)나라 때는 세고(歲考)와 과고(科考)의 양시(兩試)에서 1등의 전열(前列)에 들어야 비로소 자질과 경력 높은 생원으로 름생이 되었다. 생원은 당대(唐代) 국학 및 주(州)·현(縣)의 학교에 학생정원이 있어 부르는 호칭으로, 관직(官職)에 정원(定員)이 있어 관원(官員)으로 부르는 것과 같다. 문장에서는 보통 제생(諸生)이라 일컬음.

03) 공생(貢生): 과거제도에서 생원(生員: 秀才)은 보통 관할 부(府)·주(州)·현(縣)의 학교에 속하는데, 만약 시험에 합격해 경사(京師)의 국자감(國子監)에 들어가 독서하게 되면, 황제한테 바쳐진(貢獻) 인재라는 뜻에서 공생(貢生)이라고 부른다. 명대에는 세공(歲貢)·선공(選貢)·은공(恩貢)·납공(納貢)이 있었고, 청대에는 은공(恩貢)·발공(拔貢)·부공(副貢)·세공(歲貢)·우공(優貢)의 오공(五貢)과 예외로 특별한 재산헌납으로 얻는 비정식 예공(例貢)이 있었다. 세공(歲貢)은 매년 또는 2~3년에 한번씩 부(府)·주(州)·현(縣)의 름생(廩生) 중 일정수를 뽑아 국자감에 진학시키는 것인데, 대개

어느 해에는 사천성(四川省)의 대윤(大尹)이 될 것이오. 그러나 대윤에 부임한 지 3년 반이 지나면 관직을 사임하고 고향에 돌아가서, 53세 8월 14일 축시(丑時)에 거실에서 운명할 것인데, 아깝게도 자식이 없겠소."

나는 그것을 잃어버릴까 염려하여 적어두고, 마음속에도 늘 새겨두었다.

그 뒤로는 무릇 시험을 볼 때마다, 그 등수가 공(孔) 선생이 미리 뽑아 놓은 운수에서 벗어난 적이 없었다. 그런데 공 선생의 계산에는, 내가 받은 녹봉이 아흔한 섬 다섯 되(91石5斗)에 이른 다음에야 비로소 공거(貢擧)를 받도록 적혀 있었다. 그런데 내가 일흔한 섬(71石)에 이르렀을 때, (마침 천거 받기로 한 사람이 결격 사유가 있어서) 도종사(屠宗師)가 나를 후보로 비준(批准: 천거)하였다. 이에 나는 속으로 공 선생이 뽑아 준 운수를 의심하게 되었다. 그런데 막판에 서리(署理)이던 양공(楊公)이 거부해 정말 무산(霧散)하고 말았다.

그 뒤로 정묘(1567)년에 이르러서야, 은추명 종사(殷秋溟 宗師)가 관가에 보관 중인 나의 과거시험 답안을 보고 나서, 이렇게 탄식하였다.

순서대로 승진해 흔히 '애공(挨貢)'으로 속칭(俗稱)한다. 은공(恩貢)은 황실의 경사나 축전을 맞이해 특별히 추가하는 공생(貢生)이고, 선공(選貢)과 발공(拔貢)·우공(優貢)은 몇 년에 한번씩 성(省)의 학정(學政)이 부(府)·주(州)·현(縣)에서 1~2인씩 시험으로 선발해 보내는 공생이다.

"다섯 책문(策文)은 곧 고관대신이 황제에게 바치는 다섯 편의 주청(奏請)이나 의론(議論) 같구나! 이처럼 박학다식하고 사리에 통달한 능력 있는 선비를 어찌 창 아래서 늙도록 내버려둘 수 있단 말인가?"

그리고는 바로 현감에게 공문을 작성하도록 분부하고, 나를 흔쾌히 공거(貢擧)하였다. 그 앞에 받은 녹봉(食米)을 모두 합산해 보니, 진짜 아흔한 섬 다섯 되(91石5斗)였다. 이 일로 말미암아, 나는 나아가고 물러남에 운명이라는 것이 있고, 더디고 빠름도 때가 있다고 더욱 확신하게 되었다. 그래서 담담하게 지내며, 더 이상 뭘 구하려는 생각을 그만두었다. 공거를 받아 연경(燕京)에 들어가 1년을 머물렀다. 하루 내내 정좌(靜坐: 坐禪)만 하고, 책은 펴 보지도 않았다.

기사년(己巳: 1569)에 되돌아와 남경(南京)에 있는 벽옹(辟雍)에서 유학했다. 그때 국자감(國子監)에 들어가기 직전에, 먼저 서하산(棲霞山: 南京 江寧縣에 있는 유명한 산)에 머물고 있던 운곡(雲谷) 법회(法會) 선사를 예방했다. 선사(禪師)와 한 방에서 마주앉아(對坐) 사흘 밤낮 동안 눈을 붙이지 않았다. 그러자 운곡 선사가 짐짓 놀라 내게 물었다.

"평범한 사람이 성인(聖人)이 될 수 없는 원인은, 단지 잡념망상에 마음이 얽매이기 때문이오. 그런데 그대는 사흘 밤낮을 앉아 있으면서, 한순간도 잡념망상을 일으키지 않았으니, 어찌 된 일이오?"

이에 내가 이렇게 대답했다.

"제 운명은 공 선생이 계산하여 적어 놓았는데, 영욕(榮辱)이나 생사(生死)가 모두 일정한 때와 운수가 있습디다. 그래서 제가 지금 설령 제 아무리 멋진 망상(妄想)을 짓는다고 할지라도 아무 소용이 없는 줄 알기에, 망상할 만한 건더기가 없습니다."

운곡 선사는 (미리 짐작하고 있었던 듯이) 금방 미소를 지으며 이렇게 말하였다.

"나는 그대를 호걸(豪傑)로 여기고 대했는데, 이제 보아하니 그대도 한낱 범부에 지나지 않는구려."

내가 그 까닭을 묻자, 운곡 선사는 이렇게 대답하였다.

"범부(凡夫)는 무심(無心)의 경지에 들 수 없어, 결국 음양(陰陽)의 원리에 묶이게 되나니, 어찌 운수가 없을 수 있겠소? 그러나 오직 보통 사람(凡人)에게만 운수가 있을 뿐이오. 지극히 선량한 사람은 운수가 정말로 전혀 속박하지 못하고, 지극히 사악한 사람도 역시 운명이 전혀 구속하지 못하오. 그런데 그대는 20년이 지나도록 그 운수에 묶여 옴짝달싹도 못했으니, 어찌 범부(凡夫)가 아닐 수 있겠소?"

내가 "그러면 그 운수를 피할 수 있다는 말입니까?"라고 묻자, 운곡 선사는 이렇게 대답하였다.

"운명은 나 스스로 짓는 것이고, 복(福)은 자기에게서 구하는 것이오(命由我作, 福自己求). 이는 유교(儒教)의 시경(詩經)과

서경(書經)에도 나오는 말인데, 확실히 훌륭하고 밝은 가르침이오. 그런데 우리 불교 경전 가운데도 '부귀를 구하면 부귀를 얻고, 남녀(자식)를 구하면 남녀를 얻으며, 장수(長壽)를 구하면 장수를 얻는다.'[04]라는 말씀이 있소. 무릇 거짓말(妄語)은 석가모니 부처님께서 하지 말라고 가르치신 가장 큰 계율(戒律)의 하나거늘, 모든 부처님과 보살님이 어찌 헛소리로 뭇사람들을 속이겠소?"

이에 내가 그 말을 받아 다시 여쭈었다.

"맹자(孟子)께서도, '구하면 얻을 수 있으니, 이는 그 구함이 나에게 있는 것이다. 도덕인의(道德仁義)는 힘껏 노력하면 구할 수 있다.'라고 말씀하신 적은 있습니다. 그렇지만 세속의 부귀공명이야 어떻게 구할 수 있겠습니까?"

그러자 운곡 선사가 말하였다.

"맹자의 말씀은 훌륭한데, 다만 그대가 스스로 잘못 알고 있을 뿐이오. 그대가 『육조단경(六祖壇經)』을 아직 접하지 못한 모양인데, 육조는 '모든 복의 밭(福田)은 방촌(方寸: 마음)을 떠나지 않으니, 마음을 좇아서 찾으면 감응해서 통하지 않음이 없다.'고 말했소. 구함은 모두 자기 자신에게 있으니, 단지 도덕

---

04) 불보살(佛菩薩)의 명호(名號)를 염송(念誦)하며 예배(禮拜)하고 불경을 독송하면 불보살의 자비원력(慈悲願力)의 가피(加被)로 소원(所願)이 원만히 이루어진다는 내용인데, 『불설약사여래본원공덕경(佛說藥師如來本願功德經)』이나 『묘법연화경[妙]法(蓮)華經]』의 「관세음보살보문품(觀世音菩薩普門品)」, 『지장보살본원경(地藏菩薩本願經)』 등이 대표 법문이다.

인의뿐만 아니라 부귀공명도 또한 함께 얻을 수 있소. 안과 밖으로 함께 얻게 되니, 이렇게 구함은 얻음이 유익하오. 그러나 만약 안으로 스스로 돌이켜 살피지 않고, 단지 밖으로만 구하려고 나서면, 안팎으로 모두 잃게 되오. 그것은 구하는 데 도(道)가 있고, 얻는 데 천명이 있는 것이라, 구하는 것이 무익하게 되는 것이오."

이어 선사가 물었다.

"그때 공 선생이라는 사람이 그대의 평생 운명을 뽑아 준 것이 어떠하였소?"

내가 사실대로 말씀드리자, 운곡 선사가 다시 물었다.

"그대는 스스로 생각하기에, 과거에 급제할 수 있을 것 같소? 또 자식은 낳을 것 같소?"

나는 한동안 골똘히 생각한 뒤, 고개를 가로저으며 대답했다.

"그럴(얻을) 것 같지 않은데요. 과거에 합격하는 사람들은 일반으로 복의 모습(福相)이 두텁습니다. 그런데 저는 복이 얇고, 또 공덕을 쌓아 복의 기초를 두텁게 다질 수도 없습니다. 게다가 번잡하고 어려운 시련을 인내할 줄 모르고, 다른 사람을 포용(包容)할 줄도 모릅니다. 때로는 재주로 남을 압도하고, 강직한 마음에 행동을 곧이곧대로 하며, 말과 대화를 경망스럽게 합니다. 무릇 이러한 것들은 모두 다 박복한 모습이니, 어떻게 제가 과거에 급제할 자질이 되겠습니까?"

"땅은 더러운 곳이 비옥하여 생물이 많고, 물은 맑은 곳에 물고기가 없기 마련입니다. 그런데 저는 깨끗한 것(潔癖)을 좋아하니, 마땅히 자식이 없을 첫째 이유입니다. 온화한 기운이라야 만물을 양육할 수 있는데, 저는 곧잘 분노하니 마땅히 자식이 없을 둘째 이유입니다. 사랑(仁愛)은 생명을 낳는 근본이고, 참음(殘忍)은 기르지 못함(不姙)의 근원입니다. 그런데 저는 명예와 절개를 긍지로 여겨 아끼고, 자기를 버려 남을 구해 주기를 꺼려하니, 마땅히 자식이 없을 셋째 이유입니다. 말을 많이 하여 원기를 소모시키니, 마땅히 자식이 없을 넷째 이유입니다. 먹고 마시기를 좋아하여 정기(精氣)를 탕진하니, 마땅히 자식이 없을 다섯째 이유입니다. 철야(徹夜)로 오래 앉아 있기를 좋아하기 때문에, 원기(元氣)를 보존하고 정신(精神)을 함양(涵養)할 줄 모르니, 마땅히 자식이 없을 여섯째 이유입니다. 그밖에 다른 과오와 죄악도 너무 많아 이루 다 헤아릴 수가 없습니다."

이 말을 듣던 운곡 선사가 이렇게 말하였다.

"어찌 단지 과거뿐이리오? 세상에서 천금(千金)의 재산을 가지는 자는 반드시 천금의 인물이고, 백금(百金)의 재산을 가지는 자는 반드시 백금의 인물이며, 마땅히 굶어죽을 자는 반드시 굶어죽는 사람이오. 하늘은 각자의 재질(才質)에 맞게 그대로(篤實) 대해 줄 따름이오. 하늘이라고 터럭 끝만한 생각을 제멋대로 더하겠소? 만약 자식을 낳는다면, 백대(百世)의 공덕이 있는 자는 마땅히 백대 동안 자손들이 그를 보전하게 되오. 또 10대(十世)의 공덕이 있는 자는 마땅히 10대 동안 자손들이 그를 보전하게 될 것이며, 3대(三世) 2대(二世)의 공덕이 있는 자는 마땅히 3대, 2대 동안 자손들이 그를 보전하게 될 것이오. 그 목을 무참히 쳐서 후손이 없을 자는, 복덕이 지극히 바닥난 자라오.

그대가 이미 잘못된 줄을 알았으니, 장차 과거시험에 급제하지도 못하고 자식도 낳지 못할 박복한 운명일랑, 진심을 다해 쇄신(刷新)하고 고치시오. 힘써 덕을 쌓고, 거칠고 더러운 것을 포용하며, 사람을 온화하게 대하고 사랑하도록 힘쓰시오. 종전의 이러저러한 행실은 마치 어제 이미 죽은 것과 같이 생각하고, 앞으로 다가올 여러 가지 것은 바로 오늘 새로이 생겨나는 것과 같이 여기시오. 이것이 바로 의리(義理: 道·영혼·정신)로 다시 태어난 몸이라오. 무릇 혈육(血肉)의 몸은 어차피 운수가 있기 마련이지만, 의리(義理)의 몸이야 어찌 하늘을 감동시켜 바꿀 수 없겠소?

서경(書經: 尙書)의 태갑(太甲)편에 이르기를, '하늘이 내린 재앙은 오히려 피할 수 있으나, (사람이) 스스로 부른 재앙은 돌이킬 수 없다(天作孼, 猶可違; 自作孼, 不可活).'고 했소. 또 시경(詩經)에 이르기를 '길이 천명에 짝하여 스스로 많은 복을 구한다(永言配命, 自求多福).'고 말했소. 공 선생이 '그대는 과거에 급제하지 못하고 자식을 낳지 못할 운명이오.'라고 말한 것은,

바로 하늘이 내린 숙명(宿命)으로서, 피할 수 있는 것이오. 그대가 지금 덕성을 확충하고 좋은 일에 힘써 음덕(陰德)을 많이 쌓는다면, 이것은 바로 스스로 짓는 복이니, 어찌 복록을 받아 누리지 않을 수 있겠소? 주역(周易: 易經)은 유교의 성현 군자가 연구하는 하늘의 도인데, 여기서도 흉함을 피해 길함으로 나아가는 길을 적고 있소. 만약 천명(天命)이 한번 정해진 대로 따라야 할 뿐, 누구도 도저히 바꿀 수 없는 법칙(숙명론)이라면, 길함에 어떻게 나아갈 수 있으며, 흉함은 어떻게 피할 수 있겠소? 주역을 열면 제일 첫머리에 등장하는 구절이 곧 '선을 쌓는 집안에는 반드시 남아 넘치는 경사가 있다(積善之家, 必有餘慶).'는 법칙(義理)이오. 그대는 이 말을 믿을 수 있겠소?"

나는 그 말을 믿고 절을 올리며 가르침을 받들었다. 그로 말미암아 지난날의 죄악을 모두 부처님 앞에 솔직히 고백하고, 상소문(上疏文) 한 통을 작성하여 우선 과거 급제를 기원하였다. 그리고 3천 가지 선행(善行)을 실행하여 천지신명(天地神明)과 조상의 은덕에 보답하기로 서원(誓願)을 세웠다. 이에 운곡 선사가 공과격(功過格)을 나에게 보여주었다. 그리고 내가 행한 일을 매일같이 공과격에 기록하되, 선한 일은 하나하나 그 숫자를 적고, 악을 저지른 경우에는 선행의 수에서 그만큼

빼라고 알려주었다. 그리고 준제주(準提咒)[05]를 지니고 염송(念誦)하면 반드시 효험이 있을 것이라고 타이르면서, 아울러 이렇게 말해 주었다.

"부적가(符籍家)에 이르기를, '부적을 그릴 줄 모르면 귀신의 비웃음을 산다.'고 하오. 여기에 공개하지 않은 신비스런 전승(傳承)이 하나 있는데, 오직 생각(마음)을 움직이지 않는 것일 뿐이오. 붓을 잡고 부적을 그릴 때는, 먼저 세속의 모든 인연을 놓아버리고, 티끌 하나도 일지 않아야 하오. 이처럼 염두가 움직이지 않는 곳에서 한 점을 찍으면, 그것이 혼돈(混沌)에서 터(기초)를 여는 것이라고 말하오. 여기서 시작하여 일필휘지(一筆揮之)로 완성하는데, 어떠한 딴 생각도 일지 않으면, 그 부적이 영험하게 되오. 무릇 하늘에 기도하고 운명을 세우는 일은, 모두 무념무상(無念無想)의 곳으로부터 감동하게 되는 것이오.

맹자가 입명(立命)의 학문을 논하면서, '요절과 장수가 둘이 아니다(夭壽不貳).'라고 말했소. 무릇 요절과 장수는 완전히 다른 별개의 것이오. 맹자의 말처럼 호연지기(浩然之氣)를 함양해서 마음이 움직이지 않는 부동심(不動心)의 경지에 다다르면, 누가 요절하고 누가 장수한단 말이오? 세분하여 말하자면 이렇소. 풍년과 흉년이 둘이 아님을 깨달은 연후에 빈부

---

05) 준제주(準提咒): 천수경(千手經)에 나오는 준제진언(準提眞言)과 같은 것인 듯함.

(貧富)의 운명을 세울 수 있고, 곤궁하고 통하는 게 둘이 아님을 깨달은 연후에 귀천(貴賤)의 운명을 세울 수 있으며, 요절과 장수가 둘이 아님을 깨달은 연후에 생사(生死)의 운명을 세울 수 있소. 세간의 인생으로는 오직 생사가 가장 중대하여, 요절과 장수를 말하는 것이오. 그밖에 일체 순풍(順風)과 역경(逆境)도 모두 그 안에 들어감은 물론이오.

자신을 수양하여 천명(天命)을 기다린다(修身以俟之) 함은, 곧 공덕을 쌓아 하늘에 기도하는 일이오. 수양(修)이라는 것은, 자신에게 과오나 죄악이 있으면, 모두 다스려 제거함을 뜻하오. 또 기다린다(俟)는 것은, 들락날락하는 분수 밖의 요행심이나, 사물에 따라 끊임없이 일었다 스러지는 잡념망상을 철저히 모두 놓아버려 텅 빔을 뜻하오. 이러한 정도에 이르면 곧장 선천(先天)의 경지에 들어가니, 이것이 바로 실학(實學: 진실한 학문. 道學)이 되는 것이오.

그대는 지금 당장 무념무상(無心)할 수가 없으니, 단지 준제주(準提咒)를 지니고 염송(念誦)하되, 수효를 생각하거나 헤아리지 말고 단지 끊임없이 계속하기만 하시오. 염송이 순수하게 무르익으면, 염송하는 가운데 염송하지 않으며, 염송하지 않는 가운데 염송하게 되오. 염두가 움직이지 않는 이러한 경지에 이르면, 곧 영험(靈驗)해질 것이오."

나는 본디 호(號)가 학해(學海)였는데, 이날 이후로 평범을

033

끝마친다는 뜻에서 호를 료범(了凡)이라고 바꿨다. 무릇 운명 수립의 학설과 이론을 깨닫고서, 더 이상 범부의 소굴에 떨어지지 않고 싶어서였다. 그 뒤로는 하루 종일 전전긍긍하면서, 내 언행이 예전과 전혀 같지 않음을 깨달았다. 옛날에는 오직 혼자 유유자적하며 방임했는데, 이때부터는 스스로 전전긍긍하며 경각심을 한층 높이고 저절로 자신을 채찍질하게 되었다. 어두컴컴한 곳이나 깊숙한 방구석에서도 항상 천지신명께 죄를 지을까 두려워하고, 설사 남이 나를 미워하거나 비방하는 경우가 있더라도, 스스로 담담히 받아들일 수 있게 되었다. 그 다음해에 예부(禮部)에서 과거를 치렀는데, 공 선생이 3등으로 합격할 거라고 계산한 것이, 뜻밖에도 1등으로 합격하였다. 그 말이 더 이상 영험하지 않게 되어, 가을 과거시험에도 합격하였다.

그러나 행실(行實)과 의리(義理)가 아직 순수하지 못해, 자신을 점검함에 과오가 많았다. 때로는 선(善)을 보고도 행동할 용기를 내지 못하거나, 또는 남을 구제하면서도 마음속으로는 줄곧 스스로 의심하기도 하였다. 그리고 더러 몸으로는 힘써 선을 행하면서도, 입으로 지나친 말을 지껄이기도(입으로 공을 깎기도) 하였다. 아니면 깨어 있을 때는 언행을 조심히 지키다가도, 술 취한 뒤에 제멋대로 방종하기도 하였다. 그래서 과오로 공덕을 깎아먹어 허송세월하는 날이 많았다.

기사(己巳: 1569)년에 발원한 이래로, 줄곧 기묘(己卯: 1579)년에 이르기까지 10여 년을 거치면서, 3천 가지 선행이 비로소 다 찼다. 그때 바야흐로 리점암(李漸庵)을 따라 관중(關中: 山海關 안쪽)으로 들어가게 되어, 미처 회향기도(廻向祈禱)할 겨를이 없었다. 그래서 경진(庚辰: 1580)년에 남쪽으로 되돌아와서, 성공(性空) 스님과 혜공(慧空) 스님 등 웃어른(上人: 善知識)을 청해 동탑선당(東塔禪堂)에 나아가 회향기도(廻向祈禱)를 올렸다. 그리고 드디어 자식을 구하는 소원을 발하면서, 다시 3천 가지 선행을 서약하였다.

그런데 신사(辛巳: 1581)년에 바로 너를 낳았다. 그래서 네 이름은 하늘이 열어 준(내려 준) 아들이라는 뜻에서 천계(天啓)라고 지었다. (이 글은 아들에게 遺訓 형식으로 쓴 것임.- 옮긴이)

나는 한 가지 선행을 행할 때마다, 즉시 붓으로 기록하였다. 그러나 네 어머니는 글을 쓸 줄 몰라서, 매번 착한 일을 할 때마다, 거위 깃대에 인주를 묻혀 달력의 날짜 위에 하나씩 동그라미를 찍었다. 때로는 가난한 사람에게 음식을 보시하기도 하고, 더러 산목숨을 사들여 놓아주기도(放生) 하였다. 하루에 많게는 10개의 동그라미가 찍히기도 하였다. 계미(癸未: 1583)년 8월에 이르러 3천 개의 수가 꽉 차서, 다시 성공(性空) 스님 등을 집안에 초청해 회향기도를 하였다. 그리고 9월 30일에 다시 진사에 합격하기를 바라는 염원(念願)을 일으켜, 1만 가지 선행을 행하기로 발원하였다. 그래서 병술(丙戌: 1586)년에 등제(登第)하여 보지(寶坻)현의 현감(知縣)이 되었다.

나는 빈칸이 있는 책(공책)을 한 권 갖춰 두고, 치심편(治心篇)이라 이름 붙였다. 새벽에 일어나 당상(堂上)에 앉으면, 먼저 하인에게 이 공책을 가져다 문지기에게 건네주어, 책상 위에 두고 하루 동안 행한 선악을 사소한 것이라도 반드시 기록하도록 분부하였다. 밤에는 뜰에 탁자를 갖다놓고, 조열도(趙閱道)[06]를 본받아 향을 사르고 (옥황)상제께 보고하였다. 너의 어머니는 행한 선행이 많지 않은 걸 보면, 곧 이맛살을 찌푸리며 조심스럽게 말하였다.

"내가 전에 집에 있을 때는 서로 도와 선을 행하였기 때문에, 3천 가지 선행을 그런 대로 완성할 수 있었지요. 그런데 지금은 1만 개나 발원해 놓고, 관청 안에 행할 만한 일이 없게 되었으니, 언제 이 공덕을 원만히 성취한단 말입니까?"

밤중에 우연히 한 신선(神仙)을 꿈에 뵈었는데, 내가 발원한 선행을 완성하기 어려운 까닭을 여쭈었다. 그랬더니 그 신선이 말하기를 "그대가 현감이니 조세 곡식(稅糧)을 조금만 덜어 주면, 1만 가지 선행이 한꺼번에 이루어질 것이다."라고 일

---

06) 조열도(趙閱道: 1008~1084): 본명은 변(抃), 열도는 자(字). 북송(北宋) 인종(仁宗: 1022~1063 재위) 경우(景祐: 인종이 1034~1038년 사이에 사용한 세 번째 연호) 때 진사(進士)가 됨. 전중시어사(殿中侍御史)가 되었는데, 탄핵함에는 권세가나 귀족을 피하지 않고 강직하여, 사람들이 모두 '철면어사(鐵面御史)'로 일컬음. 여러 주(州)의 지사(知事)를 거쳐 참정(參政)이 되었는데, 청묘법(青苗法)을 반대하여 자리에서 물러남.『조청헌집(趙淸獻集)』이 전함.

러주었다. 당시 보지현의 토지는 매무(每畝)당 이푼삼리칠호(二分三釐七毫: 23.7%)의 세를 걷었다. 그런데 내가 시범 삼아 구획을 정하여 1푼4리6호(一分四釐六毫: 14.6%)까지 줄였다. 이 일은 분명히 시행하였지만, 마음속으로는 못내 의심스러웠다.

때마침 환여 선사(幻余禪師)가 오대산(五臺山)에서 왔다. 내가 꿈꾼 내용을 말하면서, 이 일이 과연 믿을 만한 것인지 여쭤보았다. 그러자 선사가 이렇게 대답해 주었다.

"착한 마음이 진실하고 간절하면, 한 가지 선행으로도 1만 가지 선을 감당할 수 있소. 하물며 전(全) 현(縣)을 상대로 조세를 덜어주면, 모든 현민(縣民)이 복을 받지 않겠소?"

그래서 내가 즉시 봉급으로 받은 은(銀)을 꺼내 주면서, 환여 선사에게 오대산에 가지고 가서 나 대신 스님 1만 명에게 공양(萬鉢供養)을 올리고 회향해 달라고 간청했다.

공 선생이 일찍이 내 운명을 계산할 때, 53세에 큰 액운이 있을 것이라고 예언했다. 그런데 나는 조금도 오래 살게 해 달라고 기도한 적이 없었는데도 불구하고, 53세가 되던 해에 끝내 아무런 재앙도 없었으며, 지금 69세까지 이르렀다. 서경(書經)에는, "하늘은 믿기가 힘들고, 천명은 항상성이 없다(天難諶, 命靡常)."고 적혀 있다. 또 "오직 천명은 항상 정해져 있지 않다(惟命不於常)."는 구절도 있다. 이 모든 말씀이 미친 소리가 아닌 줄을 내가 이때서야 비로소 알았다. 무릇 "화와 복은 자기 자신으로부터 구한다(禍福自己求之)."는 말씀은 모든 성현의 가르침이다. 반대로 "화와 복이 하늘의 명령(결정)에 달려 있다(禍福惟天所命)."고 말하는 것은, 전부 세속의 숙명론에 불과하다.

너(아들 天啓를 가리킴)의 운명이 어떠할지는 나도 모른다. 운명이 현달(顯達)하여 영화로울 때는, 늘 몰락하여 적막할 때를 생각하라. 시세(時勢)가 유리하고 순조로울 때는, 늘 일이 꼬이는 역경을 생각하라. 당장 눈앞의 의식주가 풍족할 때는, 늘 가난하고 구차할 때를 생각하라. 사람이 서로 사랑하고 공경할 때는, 늘 두려움과 무서움을 생각하라. 집안의 세도(勢道)가 명망(名望)이 있고 존경을 받을 때는, 늘 비천하고 한미(寒微)할 때를 생각하라. 학문이 자못 우수할 때는, 늘 천박하고 고루할 때를 생각하라.

멀리는 조상의 공덕을 선양(宣揚)하려고 사념(思念)하고, 가까이는 부모의 허물을 덮으려고 사념하라. 또 위로는 국가의 은혜에 보답하기를 사념하고, 아래로는 집안의 복 짓는 것을 사념하라. 그리고 밖으로는 타인의 위급함을 구제하려고 사념하고, 안으로는 자기의 사악함을 막으려고 사념하라.

날마다 잘못된 것을 알아차려, 매일매일 잘못을 고치도록 힘써라. 어느 하루 그릇된 것을 알아차리지 못하면, 곧 그날은 스스로 옳다는 착각에 안주하게 된다. 어느 하루 고칠 만한 과실이 없으면, 곧 그날은 나아갈 걸음(進步)이 없게 된다.

천하에 총명하고 준수(俊秀)한 사람이 적지 않지만, 공덕

(功德)을 높이 쌓고 도업(道業)을 넓게 닦지 못하는 까닭은, 단지 '인순(因循: 타성에 젖어 주어진 상황에 안주하고 기존 관행을 답습함)'이라는 두 글자로 말미암아 한 평생을 허송세월하기 때문이다. 운곡 선사가 나에게 전수해 준 운명 수립(창조)의 학설과 방법은 지극히 심오하고 정밀하면서도, 몹시 진실하고 올바른 이치니, 잘 익히고 음미하여 힘써 실행할지어다. 정말 스스로 내팽개쳐서 인생을 허송세월하는 일은 없어야 한다.

[**옮긴이 보충** : 숙명론에 빠져 그럭저럭 구차하게 살아가는 것이 윤회(輪廻)라면, 도덕 수행과 공덕 배양으로 운명을 창조해 나가고 나아가 다른 사람을 교화·제도하는 것은 전륜(轉輪)이라고 하겠다.]

제 2 편

제 탓이요 제 탓이요, 양심세탁(良心洗濯) 깨끗이!

허물 고치는 방법(改過之法)

춘추(春秋: B.C.722~B.C.481) 시대에 많은 대부(大夫)들이 사람의 말과 행동을 보고 그 사람의 화복(禍福)을 추측하여 말하면, 대부분 정확히 들어맞곤 하였다. 이러한 사실은 좌전(左傳)과 국어(國語)의 기록에서 자주 찾아볼 수 있다. 대부분 길흉(吉凶)의 조짐(兆朕)은 마음에서 싹터서 온몸(四肢)에 다 드러나게 마련이다. 후덕(厚德)하거나 선량한 성향의 사람은 항상 복을 얻고, 각박(刻薄)하거나 사악한 기질을 지닌 자는 화(禍)에 가까워진다.

그러나 세속의 눈은 가리개가 많이 끼어 있다. 그래서 길흉의 조짐이 겉으로 드러나기 전에는 일정하지 않기 때문에, 이를 알아보지 못하고 도리어 헛소리나 우연이라고 코웃음친다. 지극한 정성은 하늘과 하나로 합해져 감응을 불러일으킨다. 복(福)이 장차 이를 것은 착함(善)을 보면 미리 알 수 있고, 반대로 화(禍)가 장차 이를 것도 착하지 못함(不善)을 보면 미리 알 수 있다. 그러니 지금 복을 얻고 화를 멀리하고자 하면, 선행을 따지기 전에 모름지기 먼저 허물을 고쳐야 한다.

허물을 고치려는 자는, 첫째로 부끄러운 마음(恥心)을 가져야 한다. 생각해 보건대, 옛 성현들도 나와 마찬가지로 장부(丈夫)의 몸으로 태어났는데, 그들은 백대(百世)가 지나도록 모든 사람이 스승으로 삼는다. 그런데 우리는 어찌하여 이 한 몸 죽으면 기왓장 부스러지듯이 썩어 문드러지고 마는가? 세속의 온갖 욕정(欲情)에 탐닉(耽溺)하고 물들어 사사로이 불의(不義)를 저지르면서도, 남들이 모른다고 생각하며 오만하게도 부끄러워할 줄 모른다. 그래서 나날이 짐승 같은 생활에 빠져들면서도, 스스로 이를 알지 못한다. 세상에서 부끄러워해야 할 수치 가운데 이보다 더 큰 수치는 없다.

맹자는 일찍이 "부끄러움은 사람에게 매우 위대(중요)하다(恥之於人, 大矣)."고 말하였다. 이는 부끄러움을 얻으면 성현이 되고, 그것을 잃으면 짐승(禽獸)이 되기 때문이다. 이것이 허물을 고치는 요체고 핵심이다.

허물을 고치려는 자는, 둘째로 두려운 마음(畏心)을 가져야 한다. 하늘이 위에서 굽어보기 때문에, 신명(神明)을 속이기는 어렵다. 비록 아무리 은밀한 곳에서 허물을 저지른다고 할지라도, 천지신명은 참으로 거울에 비춰보듯 훤히 내려다본다. 그 허물이 무거우면 곧장 온갖 재앙을 내리고, 가벼우면 현재의 복을 덜어낸다. 그러니 우리가 어떻게 두려워하지 않을 수 있으리오?

단지 이뿐만이 아니다. 한가하게 머무는 곳에서도 살피고 비춰봄이 명명백백하다. 우리가 비록 아주 은밀히 숨기고 매우 기묘하게 꾸밀지라도, 자신의 허파와 간은 흉금을 털어놓듯 다 드러나기 때문에, 끝내 스스로 속이지는 못한다. 더욱이 남들이 우리 마음을 은밀히 꿰뚫어보면(看破) 한 마디도 꾸밀 수 없게 되니, 어찌 두려운 마음으로 전전긍긍하지 않을 수 있으리오?

또 이뿐만이 아니다. 한 숨이라도 아직 남아 있는 한, 하늘에 꽉 차는 죄악이라 할지라도 오히려 참회하고 고칠 수 있다. 옛날 사람 중에는 한 평생 많은 죄악을 지었는데, 임종(臨終)에 뉘우치고 깨달아 한 순간 정말로 강렬한 착한 생각을 일으켜, 마침내 선종(善終)을 얻은 자가 적지 않다. 이는 한 순간의 생각이 아주 용맹스럽고 강렬하여, 넉넉히 백년의 죄악을 순식간에 깨끗이 씻어낼 수 있음을 뜻한다. 비유하자면, 천년 동안 껌껌히 막혔던 깊숙한 동굴에 등불 하나만 겨우 켜져 비춰도, 천년 동안의 암흑이 순식간에 말끔히 사라지는 것과 같다. 그러므로 허물이란 오래 되고 얼마 되지 않은 것을 막론하고, 오직 고치는 것이 가장 귀중하다.

그러나 사바홍진(娑婆紅塵)의 속세는 덧없고(無常), 육신은 쉽게 죽어 부서진다. 따라서 한 숨(一息)이 다시 이어지지 않으면, 허물을 고치려고 해도 어떻게 해 볼 길이 없다. 밝은 이 생에서는 천백 년이 지나도록 악명(惡名)을 계속 짊어지게 되어, 비록 효성스럽고 자비로운 자손이 수없이 나온다 할지라도, 그 죄악을 깨끗이 씻어줄 수 없다. 또 어두운 저승(冥府)에서는 백 천 겁(百千劫)의 오랜 세월 동안 지옥에 빠져 인과응보를 받게 되니, 성현이나 불보살(佛菩薩)이라도 이끌어내어 구제할 수 없다. 그러니 어찌 두려워하지 않을 수 있으리오?

허물을 고치려는 자는, 셋째로 모름지기 용맹심(勇心)을 발휘해야 한다. 사람들이 허물을 고치지 않는 것은, 구태의연한 습관(因循)에 안주하여 물러서고 움츠려들기 때문이다. 우리는 모름지기 스스로 분발하고 진작(振作)하여야 하며, 의심하거나 머뭇거리며 기다릴 필요가 없다. 작은 허물은 까끄라기나 가시가 살 속에 박힌 듯이 빨리 뽑아내어 버리며, 큰 죄악은 독사에게 손가락을 물린 듯이 빨리 잘라 버려서, 터럭 끝만큼도 엉거주춤하거나 머뭇거리지(躊躇) 말아야 한다. 이것이 바람(風: 巽卦☴)과 번개(雷: 震卦☳)가 합쳐져 익괘(益卦: ䷩)가 되는 이치다.

이상의 세 가지 마음(수치심, 경외심, 용맹심)을 갖추고서, 허물이 보이는 대로 곧장 고쳐야 한다. 그러면 마치 봄날 얼음이 햇볕을 쬐어 스르르 녹는 듯하리니, 어찌 허물이 사라지지 않을까 걱정하며, 또 어떠한 환난인들 풀리지 않으리오. 그러나 사람의 허물은 구체적인 일(事)에 따라서 고치는 경우도 있고, 추상적인 이치(理)에 따라서 고치는 경우도 있고, 단도직입(單刀直入)처럼 마음(心)으로부터 고치는 경우도 있다. 수행한 공부가 같지 않기에, 그 효험 또한 다르다.

예컨대 전에 살생을 하였으면, 이제 살생하지 않겠다고 계율을 정한다. 그리고 전에 성질을 내고 욕을 했으면, 이제 성내지 않겠다고 계율을 세우는 것이다. 이것이 바로 구체적인 일에 따라 그 잘못을 고치는 방법이다. 이는 밖에서 억지로 강제하는 것이기에, 그 어려움이 백 배나 된다. 그리고 병의 뿌리가 여전히 남아 있어, 동쪽에서 사라지면 서쪽에서 생기곤 한다. 따라서 이 방법은 최고로 확연히 깨닫는 도가 아니다.

허물을 잘 고치는 자는, 구체적인 일을 금하기 전에, 먼저 추상적인 이치를 밝게 살핀다. 만약 허물이 살생하는 데에 있다면, 곧 이렇게 생각해 본다.

'상제(上帝: 하느님)께서 생명을 좋아하시고, 만물은 모두 자신의 목숨을 사랑(戀慕)한다. 그런데 저 생명을 죽여서 우리 자신을 보양(保養)한다면, 어찌 스스로 편안할 수 있겠는가? 그리고 저 생명이 도살당하여 칼에 찔리고 썰린 다음 다시 솥에 들어가 부글부글 끓어오를 때, 얼마나 온갖 고통이 골수에 사무칠 것인가? 우리가 자신을 공양함에 맛있고 기름진 진수성찬을 푸짐하게 차릴지라도, 먹고 나면 이윽고 그릇도 텅 비고 뱃속도 꺼지고 만다. 거친 밥과 나물국으로도 충분히 배(허기)를 채울 수 있는데, 어찌 꼭 도살과 육식으로 다른 생명을 죽이고 자신의 복을 덜려고 한단 말인가?

'또 생각건대, 혈기(血氣)가 있는 생물은 모두 영성(靈性)과 지각(知覺)을 지니고 있다. 영성과 지각을 이미 지니고 있는 생물은 모두 우리와 한 몸(一體)이다. 설령 지극한 덕을 몸소 닦아 모든 중생이 우리를 존경하고 친근히 따르게 하지는 못할망정, 어찌 매일같이 동물의 목숨을 끊어서 그들이 우리에게 원한과 유감을 길이 품게 만든단 말인가?'

일단 생각이 여기까지 미치면, 장차 육식(肉食)을 먹을 때 상심(傷心)하여 차마 그 고기를 목구멍 속으로 넘길 수 없을 것이다. [이러한 마음이 바로 불교에서 말하는 동체대비심(同體大悲心)이다. 옮긴이]

또한 전에 분노하기를 좋아했다면, 이렇게 생각해 본다.

'사람에게 미치지 못하는(모자란) 바가 있으면, 인정(人情)상 오히려 긍휼히 여겨야 할 것이다. 또 이치에 어긋나게 침범하는 짓이라면, 나와 무슨 상관이 있겠는가? 본디 분노할 만한 게 없는 것이다.'

또 생각건대, 천하에 스스로 옳다고 여겨, 남은 그르다고 비난하면서, 자기만 내세우는 호걸(豪傑)은 없는 법이다. 또한 남을 탓하는 학문도 없다. 행동하여 얻지 못함이 있으면, 모두 자기가 덕을 잘 닦지 못하여, 감응(感應)이 이르지 못한 탓이다. 우리는 모든 사물을 대함에 스스로 반성하여, 훼방(毀謗)이 다가오더라도, 모두 옥돌을 갈고 닦아 보옥(寶玉)을 이루는 숫돌(他山之石)로 여겨야 한다. 우리가 주어지는 상황을 기꺼이 기쁘게 받아들인다면, 어찌 성냄이 있으리오.

또한 비방(誹謗)을 듣고서도 분노하지 않으면, 비록 시기하고 모함하는 불꽃이 하늘을 그을린다 할지라도, 그 불길은 허공을 불사를 뿐, 마침내 스스로 꺼지고 말 것이다. 그런데 비방을 듣고 분노하면, 설사 교묘한 언사로 애써 변명한다 할지라도, 마치 봄누에가 스스로 고치를 짓는 것처럼, 스스로 속박(自繩自縛, 作繭自縛)하는 결과를 초래한다. 그러니 성내는 것은 무익할 뿐만 아니라, 도리어 해롭다.

그리고 그밖에 온갖 허물과 죄악도, 모두 이와 비슷하게 그에 맞는 이치에 따라 생각하면 된다. 이러한 이치가 밝아지면 허물은 점차 저절로 그칠 것이다.

그러면 마음으로부터 뉘우치는 개과(改過)란 무엇을 일컫는가? 허물의 종류는 천태만상이지만, 모두 다 오직 마음으로 짓는다. 만일 내 마음이 움직이지 않는다면, 허물이 어디로부터 생기겠는가? 도를 배우는 사람은 미색을 좋아하거나, 명예를 좋아하거나, 재화를 좋아하거나, 화내기를 좋아하는 등, 여러 가지 허물에 대해 반드시 온갖 종류에 따라 고치는 방법을 찾을 필요가 없다. 다만, 일심(一心)이 착하여 바른 생각(正念)이 탁 나타나면, 사악한 생각은 저절로 올라오지 못한다. 마치 해가 공중에 떠오르면, 귀신이나 요정들이 사라져 숨는 것과 같다. 이것이 정성스러운 일심(精一)의 진실한 전승

(眞傳)이다.[07]

허물은 마음으로부터 지어지니, 또한 마음으로부터 고칠 수 있다. 마치 독 있는 나무를 베어낼 때, 직접 그 뿌리를 잘라버리면(拔本塞源) 그만인 것과 같다. 하필 한 가지 한 가지 치면서, 한 잎 한 잎 따낸다는 말인가? 무릇 최상의 사람(大乘의 최상 근기)은 마음을 직접 다스려 그 자리에서 청정해진다. 사념이 움직이면 곧 깨닫고, 깨닫는 즉시 곧 없어져 죄가 텅 빈다.

진실로 그러할 수 없다면, 모름지기 이치를 밝혀서 사념을 내쫓아야 한다. 또 이치로도 그렇게 할 수 없다면, 모름지기 구체적인 일과 언행에 따라서 그때그때 금해야 한다. 상근기(上根機)의 자질로 하근기의 공부를 병행하는 것은 실책(失策)이 아니지만, 하등의 방법에 집착하느라 최상의 법문을 모르면 그것은 졸렬(낮은 수준)하다.

무릇 서원을 세워서 허물을 고침에는, 양(陽: 밝은 세계)으로는 훌륭한 친구가 옆에서 늘 일깨워주어야 하며, 음(陰: 음계)으로는 귀신이 보호하고 증명해 주어야 한다. 한 마음으로 참회

---

07) 이는 서경(書經: 古文尙書) 대우모(大禹謨)편에 나오는 16자 심법(心法)이라는 명제를 가리킨다. "인간의 마음은 오직 위태롭고, 도덕의 마음은 오직 미약하니, 오직 정성껏 오직 일심으로 그 중용을 진실하게 붙잡아라(人心惟危, 道心惟微, 惟精惟一, 允執厥中)." 이는 요(堯) 임금이 순(舜) 임금에게 임금 자리를 선양(禪讓)하면서 전수한 이래, 역대 계속 전승해 온 유가(儒家)의 정통 도맥(道脈)이라고 일컬어진다.

하고 밤낮으로 게으르지 않기를 1주일, 2주일 그리고 한 달, 두 달, 석 달에 이르면, 반드시 효험이 있을 것이다. 혹은 마음과 정신이 맑게 텅 비는 것을 느끼며, 혹은 지혜가 갑자기 확 열림을 깨달을 것이다. 더러 아주 사소하고 번잡한 세속에 묻혀 있으면서도 거기에 물들지 않고 생각이 모두 통달하며, 더러는 원수를 만나도 분노를 돌이켜 환희로 삼게 된다. 또 더러는 꿈에 더러운 오물을 토해 내며, 더러는 꿈에 옛 성현이 자기를 손잡아 이끌어주시는 꿈을 꾸게 된다. 더러는 허공을 날거나 걷는 꿈을 꾸며, 더러는 좋은 깃발이나 보물덮개(寶蓋)나 그밖에 온갖 훌륭한 사물을 꿈에 보게 된다. 이러한 일은 모두 다 허물이 사라지고 죄가 없어지는 징표다. 그러나 이러한 현상에 집착해서 스스로 굉장히 높게 생각(自高: 得意忘形)하면 안 된다. 스스로 만족하고 선을 그으면, 공부가 더 나아가지 못하고 그치기 때문이다.

옛날에 거백옥(蘧伯玉)은 20세 때 이미 그 이전의 허물을 깨닫고 모두 고쳤는데, 21세가 되어서는 20세 때 고친 것이 미진함을 알았다. 22세가 되어 다시 21세 때를 되돌아보니, 또 작년이 여전히 꿈속에 있었다. 다시 한 해 또 한 해 더해 가면서, 차례차례 그것을 고쳐 나갔다. 이렇게 50년을 행했을 때, 아직도 이전 49년이 그릇된 줄 알았다. 옛날 사람들이 허물을 고치는 학문(공부, 수양)은 바로 이와 같았다. 그런데 우리 같은 평범한 중생은 죄와 허물이 고슴도치 가시처럼 뒤덮여 있으면서도, 지나간 일을 돌이켜 살펴보면, 항상 허물이 없는 것처럼 생각한다. 이는 마음이 들떠 정신이 흩어지고, 지혜의 눈이 어둠침침하게 가려져 있기 때문이다.

그러나 사람의 과오와 죄악이 몹시 중대한 경우에도, 나름대로 반응이 있기 마련이다. 더러는 마음과 정신이 흐리멍덩하고 꽉 막혀서, 고개만 돌리면 금방 잊어버리고 만다. 더러는 아무 일(까닭) 없이 항상 번뇌 망상에 휩싸이며, 더러는 군자를 보면 몹시 놀래서 의기소침해진다. 더러는 올바른 말이나 주장을 듣고도 기뻐하지 않으며, 더러는 은혜를 베푸는데도 남들이 도리어 자기를 원망한다. 더러는 밤에 엎어지고 나자빠지는 꿈을 꾸거나, 심하면 헛소리하고 정신을 잃게 된다. 이러한 것들은 모두 죄악을 지은 상징이다. 혹시라도 이같은 것이 하나라도 있다면, 모름지기 분발하여 옛 것은 다 내버리고 새로운 길을 찾아서, 정말 스스로 잘못되지 않도록 힘써야 한다.

제 3 편

정(情)든 사람 헤어지들 공(功)든 탑이 무너지랴?

선행을 쌓는 방도(積善之方)
|

주역(周易)에 "선을 쌓는 집안에는 반드시 경사가 남아돈다(積善之家, 必有餘慶.)."는 말씀이 있다. 옛날에 공자(孔子)의 외할아버지인 안씨(顏氏)가, 장차 자기 딸을 숙량흘(叔梁紇: 孔子의 父親)에게 아내로 주려고 할 때, 먼저 그 집안을 살펴보았다. 그런데 숙량흘의 조상(祖宗)들이 대대로 오래도록 선행을 쌓아 그 복덕이 몹시 큰 것을 보고, 그 자손들이 반드시 흥성할 줄 미리 알았다. 그리고 공자(孔子)는 순(舜) 임금의 큰 효도(大孝)를 이렇게 칭찬하셨다.

"종묘(宗廟)에서 순 임금을 제사 지내고, 자손들이 그를 대대로 보전하네(宗廟饗之, 子孫保之)."

이는 지극히 올바른 평론이다. 이런 것들을 이제 지나간 일들로 고증해 보자.

선행 공덕의 대표 사례

1

소사(少師: 관직명)인 양영(楊榮)[08]은 복건성(福建省) 건녕(建寧) 사람인데, 그 집안은 대대로 뱃사공으로 강에서 길손들을 건네주는 일을 해 왔다. 한번은 비가 오래 와서 강물이 불어 넘치고, 마침내 제방이 무너져 민가가 온통 물에 잠겼다. 물에 빠져 죽은 사람들이 물살을 따라 하류로 떠내려 오자, 다른 배의 주인들은 모두 떠내려 오는 재물만 건지느라 정신이 없었다. 그런데 오직 양소사의 증조할아버지와 할아버지만은 사람을 구하는 데 힘쓰고, 재물은 하나도 건지지 않았다. 그래서 동네 사람들이 그들을 비웃었다. 그러나 소사의 아버지가 태어날 때 이르자 집안이 점점 부유해졌다.

어떤 신선이 도인(道人)으로 변화(變化)하여, 그 아버지에게 이렇게 일러주었다.

"그대 할아버지와 아버지께서 음덕(陰德)을 많이 쌓아, 자

---

08) 양영(楊榮: 1371~1440)은 명(明)나라 건문제(建文帝) 때 진사(進士)가 되고, 영락제(永樂帝) 때 문연각(文淵閣)에 들어갔다. 지략(智略)이 뛰어나고 과단성이 있어 성조(成祖)의 총애를 받았다. 여러 차례 황제의 북방 순행(巡行)을 수행하였으며, 문연각 대학사(大學士)에까지 이르렀다. 인종(仁宗)·선종(宣宗)과 영종(英宗) 초년까지 계속 조정에서 정치를 보필하였으며, 영종 즉위 후에는 양사기(楊士奇)·양부(楊溥)와 함께 조정의 정치를 보필하여, '삼양(三楊)'으로 일컬어졌다. 후에 관직을 사임하고 귀향하다가 도중에 사망하였는데, 『북정기(北征記)』와 『양문민집(楊文敏集)』이 전한다.

손들이 틀림없이 부귀영달(榮達)을 누릴 것이니, 어디에 묘지를 쓰는 것이 좋겠소."

마침내 그가 손가락으로 가르쳐 준 곳에 묘 자리를 썼는데, 바로 지금의 백토분(白兎墳)이다. 그 뒤 아버지가 소사를 낳았는데, 스무 살의 약관(弱冠)에 과거에 급제했다. 그리고 그 지위가 삼공(三公)에까지 이르러, 그 증조부와 조부, 아버지의 삼대(三代)가 소사의 관직에 맞추어 벼슬을 추증(追贈) 받았다. 그 자손들이 몹시 부귀하고 흥성하여, 지금도 유명한 자가 많다.

2

절강성(浙江省)의 은현(鄞縣) 사람인 양자징(楊自懲)은 처음에 현(縣)의 아전이 되었는데, 마음가짐이 어질고 후하며 법을 공평하게 지켰다. 마침 당시의 현감이 매우 엄숙했는데, 우연히 한 죄수를 매질하여 피가 땅바닥을 흥건하게 적시는데도, 현감은 분노가 식지 않았다. 이에 양자징이 무릎을 꿇고 간언(諫言)하여, 현감의 마음을 너그럽게 풀어 주려고 하였다. 그러자 현감이 대뜸 반문했다.

"이 자가 법을 어기고 이치를 어그러뜨렸는데, 내가 어떻게 화가 나지 않겠느냐?"

이에 양자징이 머리를 조아리면서 말했다.

"윗사람이 올바른 도를 잃어 백성들이 흩어진 지 오래입니다. 따라서 만일 범죄 사실이 드러나면, 그들을 불쌍히 여기고 기뻐하지 말아야 합니다(上失其道, 民散久矣. 如得其情, 哀矜勿喜).[09] 기뻐하는 것도 불가한데, 하물며 노할 수 있겠습니까?"

현감이 그의 정성과 설득에 감동하여 노함을 그쳤다.

양자징은 집안이 굉장히 가난했지만, 남이 선물로 보내는 것조차 하나도 가지지 않았다. 그런데 죄수가 양식이 궁핍한 것을 보면, 항상 여러 가지 방도를 다해 그들을 구제해 주었다. 하루는 새로 온 죄수 몇 사람이 밥 먹기를 기다리는데, 마침 양자징 집안에도 쌀이 떨어졌다. 죄인들을 주자니 집안에서 먹을 것이 없고, 자기 집안 식구를 돌보자니 죄수들이 몹시 불쌍한 것 같았다. 그래서 그 아내와 상의했다. 아내가 물었다.

"그 죄수들은 어디서 왔습니까?"

양자징이 대답하였다.

"항주(杭州)에서 왔소. 먼 길에 못 먹고 배고픔을 오래 참은 듯, 얼굴에 풀빛이 돌 정도로 무척 초췌하오."

그래서 결국 자기네 쌀을 모두 꺼내 죽을 끓여서 죄수들에게 주었다. 그 뒤로 두 아들을 낳아, 장남은 수진(守陳)이라 하고, 차남은 수지(守址)라고 이름 지었다. 그런데 두 아들이 각기 명나라의 남경(南京)과 북경(北京)에서 이부시랑(吏部侍

---

[09] 이는 증자(曾子)가 맹씨(孟氏)의 사사(士師: 법관)가 된 양부(陽膚)에게 취임 격려사로 해 준 말인데, 논어(論語) 자장(子張)편에 실려 있다.

郎) 자리를 각각 하나씩 맡았다. 그 장손(長孫)은 형부시랑(刑部侍郎)이 되었고, 차손(次孫)은 사천성(四川省)의 염헌(廉憲)이 되었는데, 모두 다 명신(名臣)이었다. 지금의 초정(楚亭)과 덕정(德政)도 또한 그 후예들이다.

3

옛날 명(明)나라 영종(英宗: 연호는 正統, 1435~1449, 1457~1464 재위) 때 등무칠(鄧茂七)이라는 사람이 복건(福建)에서 난을 일으켰는데, 일반 선비나 백성들 가운데 도적 떼에 가담하는 무리가 몹시 많았다. 조정에서 은현(鄞縣)의 도헌(都憲)인 장해(張楷)를 기용하여, 남쪽으로 보내 도적들을 토벌하여 사로잡도록 꾀했다. 그러다가 나중에는 포정사(布政司) 소속의 사도사(謝都事)에게 동쪽 지방에 있는 도적 떼들을 수색해서 모두 붙잡도록 명령했다.

사도사는 도적 무리 중에서 도적명부(黨籍)를 구한 뒤, 도적명부에는 정식으로 올라가지 않고 부화뇌동하여 일시 따른 사람들에게 은밀히 흰 수건과 작은 깃발(旗)을 주었다. 군사들이 오는 날을 기약해서, 문 앞에 깃발을 꽂도록 은밀히 분부한 것이다. 그리고 군사들에게는 이들을 함부로 죽이지 말라고 엄한 명령을 내려, 마침내 만여 명을 온전히 살렸다. 후에 사도사의 아들 천(遷)은 장원에 합격해서 재상이 되었고, 그 손자 비(丕)는 다시 탐화(探花)에 합격했다.

4

복건성(福建省) 보전현(莆田縣)의 림씨(林氏)는 조상대(先代)에 늙은 어머니가 선행을 아주 좋아했다. 항상 가루로 둥근 음식물(粉團)[10]을 만들어서 사람들한테 대접했는데, 누가 와서 달라고 하면 아낌없이 바로 주며 꺼리는 기색이 없었다. 한 신선이 도인(道人)으로 화(化)해서 매일 예닐곱 개씩을 요구했는데, 그 어머니가 매일같이 싫증내지 않고 달라는 대로 주었다. 3년이 다하도록 하루같이 이렇게 주므로, 이에 신선이 그 정성에 감동했다. 그래서 도인이 그 노모에게 이렇게 말하였다.

"내가 그대의 음식(粉團) 공양을 3년간 받아먹었소. 내가 무엇으로 보답하면 좋겠소? 부(府) 뒤에 한 뙈기 땅덩어리가 있는데, 거기에 묘를 쓰면 자손들이 깨 한 됫박만큼이나 관직을 얻을 것이오."

그래서 도인이 점지해 준 대로 그 아들이 묘를 썼는데, 첫 대(代)에 아홉 사람이나 등제(登第)했다. 대(代)를 이어 머리에 비녀를 꽂고 갓끈을 매는 관원이 몹시 많이 나왔다. 그래서 복건 지방에는 "림씨 가운데 과거에 합격하지 않는 사람이 없다."는 풍문이 나돌 정도였다.

---

10) 분단(粉團): 밀가루나 쌀가루를 되게 반죽해 둥근 원 모양으로 넓게 늘린 다음, 그 안에 콩고물이나 다른 양념반찬을 넣어 말아서 찌거나 지져 익힌 음식.

5

붕탁암(馮琢菴)이라는 태사(太史)의 아버지가 현립학교(邑庠)의 학생일 적이었다. 한번은 한겨울에 아침 일찍 일어나서 학교에 가던 길에, 어떤 사람이 눈(雪) 속에 거꾸러져 누워 있는 것을 보았다. 급히 그 사람을 흔들어 보았으나, 몸은 벌써 반쯤 얼어붙어 거의 시체가 된 상태였다. 그래서 곧 자기의 속옷과 가죽옷을 벗어서 그에게 입혀 주고, 그를 업어 집에 데려온 뒤 응급조치로 소생시켰다. 꿈에 한 신(神)이 나타나 그에게 이렇게 일러주었다.

"그대가 한 사람 목숨을 지성스러운 마음으로 구했기 때문에, 내가 한기(韓琦)[11]를 그대의 자식으로 보내주겠다."

이에 탁암(琢菴)을 낳자, 드디어 이름을 기(琦)라고 지었다.

6

절강성(浙江省)의 태주(台州)에 성이 응씨(應氏)인 상서(尙書)가 있었는데, 젊었을 때 산 속에서 학업을 닦았다. 밤에 귀신들이 꽥꽥 소리를 지르며 모여들어 이따금 사람들을 놀라게 했는

---

11) 한기(韓琦: 1008~1075): 북송(北宋) 시대의 유명한 대신(大臣)으로, 범중엄(范仲淹)과 함께 서하(西夏)를 방어하고, 여러 주(州)의 지사(知事)와 중앙 요직을 번갈아 가며 두루 거쳤다. 세 황제의 재상을 지냈으며, 사마광(司馬光) 등과 함께 왕안석(王安石)의 변법(變法)을 반대하는 상소문을 여러 번 올렸다. 위국공(魏國公)에 봉해졌는데, 출신 지명을 딴『안양집(安陽集)』이 전해진다.

데, 이 사람(應公)은 두려워하지 않았다. 하루 저녁에는 귀신이 기뻐하며 이렇게 말하는 소리를 들었다.

"어떤 여자의 남편이 오랫동안 객지에서 돌아오지 않고 있는데, 그 시부모가 개가(改嫁)시킬 때 받을 폐물(幣物)을 탐내어, 그 여자를 다른 사람한테 시집보내려고 자꾸 종용한다. 그래서 그 아낙이 내일 밤 마땅히 여기 와서 목매 죽을 운수니, 드디어 내가 그 여자의 몸을 대신 차지할 수 있게 되었다."

응공이 그 말을 듣고, 몰래 자기 밭을 팔아서 은(銀) 네 냥을 마련한 다음, 거짓으로 남편의 서신을 만들어 은 네 냥과 함께 그 집으로 부쳤다. 그러자 그 부모는 그 서신을 받아보고는, 필체가 비슷하지 않다며 의심했다. 그러나 고개를 갸우뚱하면서도 속으로 이렇게 생각했다.

"글씨는 남한테 부탁하거나 남이 거짓으로 흉내낼(假託) 수 있지만, 네 냥의 은까지 설마 다른 사람이 거짓으로 주겠는가?"

그래서 자기 아들이 별 탈 없는 줄로 여기고, 마침내 며느리한테 억지로 시집가라고 강요하지 않았다. 과연 그 아들이 나중에 돌아와서, 부부가 신혼 때 같은 금슬을 되찾았다.

그 뒤 응공이 또 그 귀신의 말을 들었다.

"내가 그때 마땅히 그 여자 몸을 대신할 판인데, 정말 이 젊은이(秀才)가 내 일을 다 망쳐버렸다."

그러자 옆에 있던 한 귀신이 반문하였다.

"그렇다면 너는 왜 이 젊은이에게 해코지하지 않느냐?"

이에 그 귀신은 이렇게 대답하는 것이었다.

"이 사람의 마음이 하도 착해서 (옥황)상제께서 음덕상서(陰德尚書)에 임명하셨으니, 내가 어떻게 그에게 화풀이할 수 있단 말이냐?"

응공은 이 사건으로 말미암아 더욱 스스로 노력하고 분발하여, 선행을 날로 닦고 공덕을 더욱 두텁게 쌓아갔다. 흉년을 당하면 자기 곡식을 풀어 굶주린 사람들에게 나누어주고, 친척에게 위급한 일이 생기면 바로 어떻게 변통해서 생활을 유지시켜 주었다. 또 자신이 갑작스런 사고나 역경(逆境)을 당하면, 스스로 반성하여 자신을 책망하고 기쁜 마음으로 순순히 받아들였다. 그리하여 그의 자손 가운데 과거에 합격한 자가 지금도 꾸준히 이어지고 있다.

7

강소성(江蘇省) 상숙현(常熟縣)에 호가 봉죽(鳳竹)인 서식(徐拭)이라는 사람이 있었다. 그의 아버지는 본디 부자였는데, 어느 해에 흉년이 들자, 자신이 먼저 솔선수범으로 소작농의 소작료(조세)를 덜어주면서, 모두 그렇게 하자고 제창(提唱)했다. 그리고 또 자기 곡식을 풀어, 가난하고 불쌍한 사람들을 구휼(救恤)해 주었다. 그런데 밤에 귀신이 문 앞에서 이렇게 외쳐

대는 것을 들었다.

"천 번 만 번 틀림없이 절대 거짓말이 아닌데, 서씨 집안의 수재(秀才)는 거인랑(擧人郞)에까지 이를 것이다."

그렇게 계속 부르짖기를 며칠 밤 동안 끊이지 않았다. 그런데 이 해에 과연 봉죽은 향시(鄕試)에 합격했다.

이로 말미암아 그의 아버지는 더욱 부지런히 덕을 쌓으며, 게으름을 피우지 않았다. 부서진 다리를 수리하고 길을 포장하며, 스님들에게 공양을 올리고 대중을 대접하며, 무릇 사소한 일이라도 남에게 이익이 되는 일은 마음을 다하지 않는 바가 없었다. 나중에 또 귀신이 문 앞에서 이렇게 노래 부르는 것을 들었다.

"천 번 만 번 틀림없이 절대 거짓말이 아닌데, 서씨 집안의 거인(擧人)은 곧바로 '도당(都堂: 都察院의 고위 관직)'에 이를 것이다."

그런데 봉죽의 관직은 마침내 양절(兩折: 오늘날 절강성 전체)의 순무(巡撫: 외성의 최고 관직)에까지 이르렀다.

8

가흥부(嘉興府: 절강성의 한 府)의 도강희(屠康僖) 공(公)이 처음에 형부주사(刑部主事)가 되었다. 감옥에서 숙직하면서 여러 죄수들의 정상(情狀)을 자상하게 물어보아, 죄가 없는 자가 몇 명 들어 있는 것을 알아내었다. 그러나 도공(屠公)은 그것을 자기의 공(功)으로 만들지 않고, 은밀히 그 일을 글로 적어 당관(堂官: 직속관할 최고관직)인 형부상서(刑部尙書)에게 아뢰었다. 그 뒤 조정에서 심리(審理: 재판)할 때, 당관이 그 말(도강희가 알린 내용)을 지적하여 여러 죄수들을 신문(訊問)하였다. 그 결과 심복하지 않는 자가 없었고, 이에 원통하고 억울한 10여 명을 풀어주었다. 그러자 당시 황제 주위에 있던 관료들이 모두 상서(尙書)의 현명함을 일시에 칭송하였다.

그러자 도공(屠公)이 다시 아뢰었다.

"황제의 계단 아래서 직접 재판하는데도 이처럼 억울한 사람이 많은데, 하물며 드넓은 사방 천하의 억조창생(億兆蒼生) 중에 어찌 억울한 자가 없겠습니까? 마땅히 5년마다 형벌을 감해 주는 특사(減刑官)를 파견해서, 진실을 되살피고 억울함을 바로잡아야 합니다."

이에 상서가 그러한 내용으로 주청(奏請)을 올리자, 황제가 그 의론(議論)을 윤허(允許)하였다. 그래서 조정에서 감형특사(減刑官)를 파견하였는데, 도공(屠公)도 한 사람으로 끼었다. 꿈에 한 신선이 나타나서 이렇게 알려주었다.

"그대의 운명에는 본래 자식이 없는데, 지금 감형의 논의를 제안하여 억울한 죄수들을 풀어주는 일은 하늘의 마음(天心)에 깊이 부합하므로, 상제(上帝)께서 그대에게 세 명의 자식을 내려주시기로 하였다. 그들은 모두 다 자줏빛 옷을 입고 금빛 허리띠를 찰 것이다."

이날 밤 부인이 임신을 하였다. 후에 응훈(應壎), 응곤(應坤), 응준(應埈)을 차례로 낳았는데, 과연 모두 저명한 관리가 되었다.

9

가흥(嘉興)의 포빙(包憑)은 자(字)가 신지(信之)다. 그의 아버지는 지양(池陽)의 태수(太守)로, 일곱 아들을 낳았는데, 빙이 가장 어렸다. 그의 아버지는 평호(平湖)의 원씨(袁氏)에게 처가살이를 했는데, 우리 아버지(袁了凡의 부친)와 교분이 몹시 두터웠다. 박학하고 재주가 뛰어났으나, 누차 과거에 응시하여 낙방하고, 불교와 노장(老莊: 老子와 莊子, 즉 道家)의 두 학문에 마음을 두었다. 하루는 동쪽으로 묘호(泖湖)를 유람하는데, 우연히 한 마을의 사찰에 이르러 관음상(觀音像)이 비바람에 갈라지고 허물어진 채 서 있는 걸 보았다. 이에 그는 바로 주머니를 풀어 황금(黃金) 열 냥을 꺼내 주지승(住持僧)에게 주면서, 관음상 모신 건물을 수선하도록 당부하였다.

그러나 주지승은 정중하게 사양하였다.

"수선해야 할 일이 너무 커서, 당신이 준 돈으로는 턱없이 모자라기에 일을 완공할 수 없습니다."

빙(憑)이 다시 송포(松布) 네 필(四疋)과 자기가 가지고 다니던 상자(봇짐)에서 옷 일곱 벌을 꺼내 스님에게 함께 다 주었다. 속옷은 이제 막 새로 만든 것인데, 그의 하인이 그것은 주지 말라고 청하였다. 그러자 빙이 말하였다.

"단지 관음상에 탈만 없다면, 내가 비록 벌거벗는다고 할지라도 무슨 허물이 있겠는가?"

이 말을 들은 주지스님이 몹시 감동하여 눈물을 떨어뜨리면서 말하였다.

"금은과 베·의복을 버리는 것은 오히려 어려운 일이 아니지만, 단지 이 한 점 마음(一點心)을 어떻게 쉽게 얻을 수 있겠소?"

그 뒤 공사가 원만히 이루어져서, 빙이 노부(老父)를 모시고 함께 이 절에 와서 묵게 되었는데, 포공(包公)의 꿈속에 가람(伽藍) 수호신이 나타나서 사례하였다.

"그대의 자손들은 마땅히 대대로 복록을 누릴 것이오."

나중에 과연 아들 변(汴)과 손자 청방(檉芳: 우리는 '정방'으로 읽는 듯함)이 모두 과거에 급제하여 이름난 관리가 되었다.

10

절강성 가선현(嘉善縣)의 지립(支立)은 그 아버지가 형방(刑房) 아전이었다. 그런데 어떤 죄수가 무고(無辜)한데도 억울하게 몹시 중한 죄에 걸려든 것을 알고, 진심으로 그를 불쌍히 여겨 구제하고자 하였다. 그러자 죄수가 이를 알고 그 아내에게 이렇게 당부하였다.

"지공(支公)이 나를 살려주려는 호의를 가지고 계신데, 내게 보답할 것이 하나도 없어 부끄럽소. 내일 그분을 마을로 모셔다가 당신이 몸으로써 섬기시오. 그분이 만약 당신을 받아들인다면, 나는 살아날 수 있을 것이오."

그 아내는 울면서 남편의 명을 받들었다. 지공이 마을에 이르자, 그 아내가 스스로 나와 술을 권하면서 남편의 뜻을 모두 알렸다. 그 말을 들은 지공은 그 청은 듣지 않고, 마침내 자신의 힘을 다하여 그의 억울함을 풀어주었다.

죄수가 출옥(出獄)한 뒤, 아내와 함께 관문(官門)에 올라와 머리를 조아려(叩頭) 감사하면서, 이렇게 간청하였다.

"공(公)이 이처럼 후덕하심은 말세(末世)에 매우 보기 드문 일입니다. 그런데 공(公)은 아직도 슬하(자식)가 없으신데, 저희에게 어린 딸이 하나 있으니, 공에게 키질하고 비질하는 첩(妾)으로 바치고자 청합니다. 이 정도는 떳떳하게 통할 수 있는 예(禮)라고 여깁니다."

그러자 지공이 예를 갖추어서 그 딸을 받아들였고, 그 뒤 지립(支立)을 낳았다. 지립은 약관의 나이에 과거에 장원으로 합격하였고, 관직이 한림공목(翰林孔目)에 이르렀다. 립(立)은 고(高)를 낳았고, 고는 록(祿)을 낳았는데, 모두 학박(學博: 州學이나 縣學의 敎官)으로 공천을 받았다. 록은 대륜(大綸)을 낳았는데, 역시 과거에 합격했다.

선행의 종류 구분

무릇 이 열 가지 고사(故事)에서 주인공들이 각자 행한 일은 비록 서로 같지 않지만, 모두 한결같이 선(善)에 귀결할 따름이다. 그러나 같은 선이라도, 만약 다시 이것을 정밀하게 부연하자면, 여러 가지로 나눠진다. 선에는 진짜도 있고 가짜도 있으며, 단정한 선도 있고 굽은 선도 있다. 남 몰래 베푼 음덕(陰德)도 있고 드러낸 양덕(陽德)도 있으며, 옳은 선도 있고 그른 선도 있다. 한 쪽으로 치우친 선도 있고 똑바른 선도 있으며, 반쪽 선도 있고 완전한 선도 있으며, 큰 선도 있고 작은 선도 있으며, 어려운 선도 있고 쉬운 선도 있다.

그러니 이러한 차이를 마땅히 깊이 살피고 분별해야 한다. 선을 행하면서 이치를 궁구(窮究)하지 않으면, 스스로 선을 행하고 있다고 여기면서도, 도리어 죄를 짓는 줄은 모르는 경우가 있다. 그래서 헛되이 고심(苦心)하면서 백해무익한 결과만 가져오는 것이다.

첫째, 무엇을 진짜 선과 가짜 선(眞假)이라고 일컫는가?

옛날에 여러 명의 유생(儒生)이 중봉 화상(中峰和尙)을 친견(親見)하고 여쭈었다.

"불가(佛家)에서는 선악의 인과응보(因果應報)를 논할 때, 마치 그림자가 형체를 따라다니는 것과 같다고 비유합니다. 그런데 지금 어떤 사람은 선한데도 그 자손이 흥성하지 못하고, 어떤 사람은 악한데도 도리어 그 가문이 번창합니다. 그러니 부처님의 말씀은 돌아볼 가치도 없는 틀린 말입니다."

그러자 중봉 스님이 대답하였다.

"무릇 세속의 인정(凡情)이 완전히 맑게 닦이지 않고 올바른 눈(正眼)이 아직 열리지 않았기에, 선을 악으로 잘못 여기고 악을 가리켜 선이라고 우기는 경우가 이따금 있소. 그러면서 자기의 시비(是非)가 뒤바뀐(顚倒) 게 애석한 줄은 깨닫지 못하고, 도리어 하늘의 보답에 차질이 있다고 원망하는 것이오."

그러자 유생들이 다시 물었다.

"그러면 선악이 어찌하여 정반대로 뒤바뀌는 지경에 이르게 됩니까?"

이에 중봉 스님이 유생들에게 각자 생각하는 선악의 상태를 차례로 한 번씩 말해 보라고 일렀다.

한 사람이 이렇게 말하였다.

"사람에게 욕설하거나 남을 때리는 것은 악이고, 사람을 공경하거나 사람에게 예를 갖추는 것은 선입니다."

그러자 중봉 스님이 고개를 흔들며 대답하였다.

"반드시 그런 것은 아니오."

또 한 사람은 이렇게 말하였다.

"재물을 탐하고 함부로 취하는 것은 악이고, 청렴결백하게 본분(계율)을 지키는 것은 선입니다."

그러자 중봉 스님은 또 고개를 가로저으며 잘라 말했다.

"반드시 그런 것도 아니오."

이렇게 모든 사람들이 차례로 돌아가면서 각각 자기의 관점에서 선악을 구분해 말했지만, 중봉 스님은 한결같이 모두 '그렇지 않소'라고 대답했다. 그래서 유생들이 가르침을 청하자, 중봉 스님은 이렇게 일러주었다.

"남에게 이로운 것이 선이고, 자신에게 이로운 것은 악이오. 남에게 이로우면 남을 때리고 남을 욕하는 것도 모두 선이고, 자기에게 이로우면 남을 공경하고 예의를 갖추는 것도 모두 악이오."

이러한 까닭에 사람이 선을 행할 때, 남을 이롭게 하는 것이 공(公)이고, 공(公)이면 참(眞)이며, 자기를 위하는 것은 사(私)이고, 사(私)이면 가짜(假)다. 또 마음에다 뿌리를 두는 것이 참이고, 겉으로 형식과 모양만 내는 것은 가짜다. 그리고 무위(無爲)로 자연스럽게 행하는 것이 참이고, 유위(有爲)로 억지스럽게 하는 것은 가짜다. 이러한 것들은 모두 스스로 잘 살펴야 한다.

둘째, 어떤 것을 단정한 선과 굽은 선(端曲)이라고 하는가?

지금 사람들은 근신(謹愼)하고 공손한 선비를 보면, 모두 한결같이 그가 착하다고 칭송하며 그를 본받으려고 한다. 그러나 성인은 차라리 거칠게 날뛰고(狂暴) 다듬어지지 않은 질박(質朴)한 자를 선택할지언정, 형식상 교양을 갖추어 근신하고 공경하는 선비들에 대해서는, 설령 한 동네 사람들이 모두 좋아할지라도, 반드시 덕의 적(德之賊)이라고 여긴다. 이것은 세속 사람들의 생각이고, 분명히 성인의 선악과는 상반(相反)한다.

이 한 가지 실마리만 미루어 짐작해도, 세속의 판단에 따라 취사선택하는 것은 그릇되지 않은 경우가 드물다. 천지신명이 선에 복을 주고 음란함에 화를 내리는 일은, 모두 성인과 똑같은 시비선악의 판단 기준에 따르며, 세속의 취사선택과는 결코 함께 하지 않는다.

따라서 적선(積善)을 하려는 자는, 결코 세속의 이목(耳目)을 좇아서는 안 되고, 오직 마음의 근원 은밀한 곳으로부터 묵묵히 행해야 한다. 순수하게 세상을 구제하려는 마음이면 곧 단정한(端) 선이고, 만약 진실로 터럭 끝만큼이라도 세상에 아첨하려는 마음이 있다면 이는 굽은(曲) 것이다. 또 순수하게 사람을 사랑하는 마음이면 곧 단정한(端) 선이고, 터럭 끝만큼이라도 세상에 분노하는 마음이 있으면 굽은(曲) 것이다. 그리고 순수하게 남을 공경하는 마음이면 곧 단정한(端) 선이고, 터럭 끝만큼이라도 세상을 가지고 노는 (장난치고 희롱하는) 마음이 있으면 굽은(曲) 것이다. 이러한 것들도 모두 마땅히 섬세하게 잘 분별해야만 한다.

셋째, 무엇을 은밀한 선과 드러난 선(陰陽)이라고 일컫는가?

무릇 선을 행하여서 남들이 알아주는 것은 드러난 선(陽善: 陽德)이고, 선을 행해도 남들이 모르는 것은 은밀한 선(陰德: 陰善)이다. 은밀한 선행(陰德)은 하늘이 보답해 주고, 드러난 선행(陽善)은 세상의 명예를 누린다. 이름(名: 명예)도 또한 일종의 복(福)이다.

그러나 이름(名)이라는 것은 조물주(造物: 하느님)도 꺼려한다. 세상에서 성대한 명예를 누리면서도 그 실질(實)이 이름(名)에 부합하지 못하는 자는, 해괴망측(駭怪罔測)한 재난이 아주 많이 생긴다. 사람이 허물이나 잘못도 없이 갑자기 악명(惡名)을 뒤집어쓰는 경우에는, 그 보상(補償)으로 자손들이 순식간에 번성하는 일도 가끔 있다. 이처럼 음양 사이의 이치는 지극히 미묘하다.

넷째, 무엇을 옳은 선과 그른 선(是非)이라고 말하는가?

춘추(春秋)시대 로(魯)나라의 법에는, 로나라 사람들이 만약에 다른 나라 제후(諸侯)에게 붙잡힌 자기 나라 사람(신하 또는 첩)을 속죄(贖罪)시켜 구해내면, 정부로부터 보상금을 받도록 규정했다. 그런데 자공(子貢)이 남을 대신 속죄시켜 주고 돈을 안 받았다. 공자(孔子)가 이 소식을 듣고 못마땅하게 여기며 탄식했다.

"아! 사(賜: 子貢의 이름)가 실수했구나! 무릇 성인이 일을 행함에는, 그 일로 세상의 풍속과 습관을 바꿀 수가 있다. 그러기에 가르침의 도(道)가 백성들에게 펼쳐질 수 있으며, 단지 자기한테 맞는다고 행하는 것은 아니다. 지금 로나라에는 부자가 적고 빈곤한 자가 많은데, 보상금을 받는 일이 청렴하지 못한 짓으로 여겨진다면, 어떻게 사람들이 서로 속죄시켜 주기를 기대하겠느냐? 아마도 앞으로 다시는 남을 다른 나라 제후로부터 속죄시켜 주는 사람이 없을까 두렵다."

그런데 이번에는 자로(子路)가 물에 빠진 사람을 건져줬는데, 그 사람이 소(牛)를 사례로 주자, 자로가 이를 기꺼이 받았다. 그래서 공자가 기뻐하며 자로를 칭찬하였다.

"지금부터 로나라에는 물에 빠진 사람을 건져주는 일이 매우 많아지겠다."

세속의 눈으로 보면, 자공이 보상금을 받지 않은 처사가 훌륭하고, 자로가 소를 받은 일은 하찮게 보일 것이다. 그렇지만 공자는 자로를 칭찬하고 자공을 폄하했다.

그래서 성현은 사람의 선행을 논할 때, 현재 행해지는 것만을 따지지 않고, 그 뒤에 그로부터 말미암아 생길 영향까지 고려한다. 또 잠시 한순간을 따지지 않고, 긴 안목을 가지고 살핀다. 다시 말해서, 성현은 자기 한 몸의 청렴(獨善其身)을 따지지 않고, 천하 중생과 함께 하는 대승의 경지(兼善天下)를 염두에 둔다는 사실을 알아야 한다. 현재 행하는 것이 비록 선할지라도, 그로 말미암는 부작용이 너끈히 사람을 해칠 만하면, 설령 선처럼 보인다고 해도, 실제로는 선이 아니다. 반면 현재 행하는 것이 비록 선이 아니라 할지라도, 그로 말미암을 파급 효과가 녁녁히 남들을 구제할 수 있다면, 설사 선이 아닌 것처럼 보여도, 실제로는 선이 된다.

그러나 이것은 한 가지에 대해서만 살펴본 것일 따름이다. 그밖에도 겉보기에는 의리가 아닌 것 같지만, 실질로는 의리가 되는 것(非義之義)이 있다. 이와 비슷한 원리로, 예절이 아닌 예절(非禮之禮), 신의가 아닌 신의(非信之信), 자비가 아닌 자비(非慈之慈) 같은 것들에 대해서도, 모두 다 똑같은 결단과 선택을 행해야 한다.

다섯째, 무엇을 치우친 선과 올바른 선(偏正)이라고 하는가?

려문의공(呂文懿公)이 막 재상 자리를 사임하고 자기 고향으로 되돌아갔을 때, 천하의 모든 사람들이 그를 마치 태산(泰山)과 북두성(北斗)처럼 우러렀다. 한번은 어떤 동네 사람이 술에 취해 그에게 욕설을 퍼부었는데, 려공(呂公)은 거기에 꿈쩍도 하지 않았다. 그리고 하인에게 "술에 취한 사람과는 더불어 따질 필요가 없다."고 분부하며 문을 닫게 한 뒤, 아예 그를 거들떠보지도 않았다. 그런데 1년이 지나서 그 사람이 사형 죄를 저질러 감옥에 들어가자, 려공이 비로소 후회하며 탄식했다.

"만약 당시에 내가 그와 조금만 시비를 따지고, 그를 관가에 보내 따끔하게 혼내주도록 다스렸더라면, 작은 처벌로 큰 징계를 해 주었을 텐데……. 내가 그때는 후덕함만 마음에 두어, 그의 죄악이 커갈 줄은 전혀 몰랐더니, 지금 이처럼 사형을 당할 지경까지 이르게 되었구나!"

이것이 바로 착한 마음(동기)으로 악한 일(결과)을 행한 것이다.

또 악한 마음으로 선한 일을 행하는 경우도 있다. 예컨대, 어떤 사람이 몹시 부유한데, 흉년이 들자 궁핍한 주민들이 대낮에 저자거리에서 곡식을 강도질했다. 이에 부자가 현(縣)에 고발했는데, 현감(縣監)이 전혀 다스리지 못해, 궁핍한 사람들이 더욱 방자해졌다. 마침내 그 부자가 스스로 자력(自力)을 동원해서 그들을 붙잡아 혼내주었고, 이에 대중들이 비로소 안정을 되찾았다. 만약 그렇지 않았더라면, 정말로 큰 혼란에 빠졌을 것이다.

물론 착한 일이 올바른 것이고, 악한 일이 편협한 것이라는 사실은 모두 다 안다. 그러나 선한 마음(동기)으로 악한 행위(결과)를 한 경우는, 올바른 가운데 치우침이 있는 것(正中偏)이다. 또, 악한 마음으로 선한 일을 한 경우에는, 편협함 가운데 올바름(偏中正)이 있는 것이다. 그러니 모름지기 이것까지 잘 알지 않으면 안 된다.

여섯째, 무엇을 반 쪼가리 선과 완전한 선(半滿)이라고 하는가?

주역(周易)에는, "착함이 쌓이지 않으면 명예를 이루기에 모자라고, 악도 (봇물이 터질 만큼) 쌓이지 않으면 몸을 멸망시킬 수 없다(善不積, 不足以成名; 惡不積, 不足以滅身)."는 말씀이 적혀 있다. 또 상서(尙書)에는, "상(商: 殷)나라의 죄가 가득 넘쳐서, 마치 그릇에 물건을 가득 채운 것 같았다(商罪貫盈, 如貯物於器)."는 내용이 전해진다. 부지런히 쌓으면 차고, 게을러 쌓지 않으면 차지 않는다는 것이 한 해설이다.

옛날에 어떤 여자가 절에 들어가서 보시하고 싶었는데, 보시할 재물이 없고 단지 두 푼밖에 없었다. 그것을 탈탈 털어서 다 주자, 주지스님이 친히 그를 위해 참회기도를 해 주었다. 나중에 이 여자가 왕비인지 후궁으로 궁궐에 들어가서 부귀영화를 누리게 되자, 수천 냥의 금(金)을 마차에 싣고 그 절에 가서 희사(喜捨)했다. 그런데 이번에는 주지스님이 단지 제자 스님을 시켜 불공 좀 드려주라고 분부하는 데 그쳤다. 이에 그 여인이 서운해 하며 물었다.

"내가 이전에 두 푼을 보시할 때는, 법사(法師)께서 친히 참회기도를 해 주셨습니다. 그런데 지금은 수천 금을 희사했는데도, 법사께서 직접 회향해 주지 않으니, 무슨 까닭입니까?"

이에 법사가 대답했다.

"예전에는 비록 재물은 아주 적었지만, 보시하는 마음이 몹시 진실하였습니다. 그래서 만약 이 노승(老僧)이 친히 참회해 주지 않는다면, 그 진심의 덕에 보답할 방법이 없었습니다. 그런데 지금은 비록 재물은 몹시 많지만, 보시하는 마음은 옛날처럼 그렇게 간절하지 못하니, 제자를 시켜 대신 참회해 드려도 넉넉합니다."

여기에서 천금으로 베푼 공덕은 절반짜리 선행이고, 두 푼을 가지고 쌓은 적선은 꽉 찬 선행이다.

또, 옛날에 종리(鍾離)라는 도인(道人)이 도가(道家)의 단법(丹法)을 려조(呂祖)한테 전해 주면서, 무쇠(鐵)에 손을 대면 황금으로 변하는 도술(道術)로 세상을 제도할 수 있다고 가르쳤다. 그러자 려조가 물었다.

"끝내 쇠로 안 변하고 금으로 남아 있습니까?"

이에 종리가 대답했다.

"500년 뒤에는 본래 모습(쇠)으로 되돌아갈 것이다."

그러자 려조는 그 도술을 거절했다.

"만약 그렇다면, 500년 뒤에 가짜 황금을 가지고 있을 사람을 해치는 셈이 아닙니까? 그런 도술이라면 나는 원하지 않습니다."

이에 종리가 려조를 극구 칭찬했다.

"도가의 도를 완전히 닦아 신선이 되려면 3천 가지 공덕을 쌓아야 하는데, 너는 지금 이 말 한 마디로 3천 가지 공덕의 수행이 완전히 차버렸다."

이것도 또 한 가지 해설이다.

또, 선을 행하면서 마음이 그 선에 집착하지 않으면, 곧 성취하는 바에 따라 모든 것이 원만해질 수 있다. 그런데 마음이 선에 집착하면, 비록 종신토록 힘써 부지런히 행할지라도, 끝내 절반짜리 선에 머물고 만다. 안으로는 자기를 보지 않고, 밖으로는 남을 보지 않으며, 가운데로는 나와 남 사이를 매개하는 보시하는 재물조차 보지 않아야 한다. 이것을 가리켜 세 바퀴(三輪)의 본체가 텅 비었다고 말하고, 또 바로 일심청정(一心淸淨)이라고 일컫기도 한다. (이러한 보시를 불교의 금강경에서는 '무주상보시(無住相布施)'라고 부른다. 옮긴이)

이러한 즉, 한 말(一斗)의 좁쌀로도 무한한 복록의 씨를 뿌릴 수가 있고, 한 푼 가지고도 천겁(千劫)의 죄를 다 소멸시킬 수가 있다. 그러나 가령 보시하는 이 마음을 잊지 않고 집착한다면, 비록 황금 수십만 냥이라도, 복이 꽉 차지 않는다. 이것이 공덕에 관한 또 하나의 해설이다.

일곱째, 무엇을 큰 선과 작은 선(大小)이라고 일컫는가?

옛날에 위중달(衛仲達)이라는 사람이 한림관(翰林館)의 직책을 맡고 있었는데, 잘못해서 염라대왕의 명부(冥府)까지 끌려갔다. 저승의 주무 담당관이 귀졸(鬼卒)한테 그 사람의 선악에 관한 두 기록을 모두 가져오도록 명했다. 두 가지 기록이 도착해 보니, 악에 관한 기록은 뜰에 가득 차는데, 선의 기록은 한 두루마리로 겨우 젓가락만할 따름이었다. 그런데 저울을 꺼내 두 기록의 무게를 달아보니, 뜨락을 가득 채우던 악의 기록이 오히려 가볍고, 젓가락 크기만한 것이 더 무거웠다. 이를 본 중달이 이렇게 물었다.

"소인 아무개는 나이가 아직 마흔도 채 안 됐는데, 제 죄악이 저렇게 많을 수 있습니까?"[12]

이에 담당관이 대답했다.

"한 생각이 바르지 못하면 이것이 곧 죄악이니, 꼭 몸소 저지르기를 기다릴 필요가 없다."

그래서 이번에는 중달이 족자에 쓰여 있는 것은 무슨 일인지를 묻자, 담당관이 이렇게 대답하였다.

"조정에서 일찍이 큰 토목 공사를 일으켜 삼산(三山)에 돌다리(石橋)를 놓으려고 할 때, 그대가 상소하여 간언(諫言)한 적이 있는데, 이것이 바로 그 상소문 원고다."

이에 중달이 말문을 열었다.

"저 아무개가 비록 상소하긴 했지만, 조정에서 따르지 않아 일에는 별로 도움이 되지 못했습니다. 그런데 이처럼 무게가 많이 나가는 공덕이 된단 말입니까?"

---

[12] 참고로, 불교의 『화엄경(華嚴經)』 「보현행원품(普賢行願品)」에는 이런 말씀이 나온다. "시작도 없는 과거 전생 동안, 우리가 탐욕·성냄·어리석음으로 말미암아 말과 행동과 생각으로 지어 온 죄악이 한도 없고 끝도 없는데, 만약 이 죄악이 몸통과 모습이 있다면, 우주 허공을 꽉 채우고도 남아돌 것이다."

그러자 담당관이 이렇게 해설해 주었다.

"조정에서 비록 따르지 않았다고 할지라도, 당시 그대의 일념(一念)이 이미 만백성(의 이익)에 있었기 때문이다. 그때 만약 조정에서 그대의 말을 들었다면, 그 공덕은 이루 말할 수 없을 정도로 더욱 컸을 것이다."

그러한 까닭에 뜻이 천하 국가에 있다면, 그 선행이 비록 작은 것이더라도 공덕이 매우 크다. 반대로 오직 한두 사람을 위한 것이라면, 비록 아무리 큰일이라도 그 공덕이 작게 된다.

여덟째, 무엇을 어려운 선과 쉬운 선(難易)이라고 일컫는가?

선유(先儒)들은 자기를 이김(克己)은 모름지기 이기기 어려운 것부터 이겨나가야 한다고 말했다. 공자(孔子)께서도 인을 행함(爲仁)에 관해서 논하실 때, 또한 어려움을 먼저 하라(先難而後獲)고 말씀하셨다.[13]

예컨대, 강서(江西)의 서옹(舒翁)은 2년 동안 근근이 얻은 속수(束脩: 서당이나 학관의 수업료)의 미천한 봉급을 가지고, 관가에 바칠 은(銀)을 대신 배상해서 한 부부를 온전히 구해 주었다.

---

13) 공자가 말한 '선난이후획(先難而後獲)'은 본디 어려운 일(受苦)을 먼저 하고 나서 그 대가(보답, 이익)를 얻는 것이 어진 일(仁)이라는 뜻이다. 여기서 '어려운 일부터 먼저 하고, 쉬운 일은 나중에 하라'고 말하는 듯한 어감(뉘앙스)과는 좀 온도 차이가 느껴진다.

또 한단(邯鄲)의 장옹(張翁)은 10년 동안 쌓은 재물을 희사해서, 타인의 속죄(贖罪)용 은(罰銀)을 대신 완납하고, 그의 처자식(妻子)의 목숨을 살려주었다. 이와 같은 경우들은, 모두 보통 사람들이 버리기 어려운 곳에서 자신의 재물을 과감히 내버린 선행이다.

그런가 하면, 진강(鎭江)의 근옹(靳翁)은, 비록 나이가 들고 자식이 없는데도 불구하고, 어린 처녀를 차마 첩으로 삼을 수가 없어서, 그를 이웃에게 되돌려 주었다. 이 같은 경우는 남들이 차마 하기 (참기) 어려운 데서, 자기의 욕망 감정을 절제하고 차마 행한 (잘 참은) 선행이다.

이러한 까닭에, 하늘이 그들에게 내린 복도 또한 아주 후하였다. 무릇 재력과 권세가 있는 사람들은 덕을 세우기가 아주 쉽다. 쉬운데도 행하지 않는 것은, 바로 자포자기(自暴自棄)다. 반면 가난하고 비천한 자들은 복을 짓기가 낱낱이 매우 어렵다. 어려운데도 과감히 행하기 때문에, 이것이 더욱 고귀하게 돋보인다.

선행의 주요 방법

인연에 따라 중생들을 제도하는 일은, 그 방법이 몹시 번잡하게 많다. 그러나 대강만 간추려서 말하자면, 대략 열 가지가 있다.

01. 남과 더불어서 선을 행하라 (與人爲善).
02. 사랑과 공경을 마음에 품어라 (愛敬存心).
03. 타인의 아름다움을 완성시켜라 (成人之美).
04. 남에게 선을 행하도록 권장해라 (勸人爲善).
05. 타인의 위급함을 구해주어라 (救人危急).
06. 대중을 위해 큰 이익을 일으켜 세워라 (興建大利).
07. 재물을 희사해서 복을 지어라 (捨財作福).
08. 정법을 보호하고 지켜라 (護持正法).
09. 웃어른을 공경하고 존중해라 (敬重尊長).
10. 사물과 생명을 사랑하고 아껴라 (愛惜物命).

첫째, 무엇을 일컬어서 **남과 더불어서 함께 선을 행한다**(與人爲善)고 하는가?

옛날에 순(舜) 임금이 뢰택(雷澤)에 있을 때, 고기 잡는 사람들이 모두 깊은 연못과 물풀이 잘 우거진 곳만을 서로 차지하려고 다투었다. 그래서 노약자들은 그런 좋은 자리에서 밀려나, 물살도 빠르고 수심도 낮은 급류에서 물고기를 낚는 것이었다. 이를 지켜 본 순 임금이 그들을 측은하게 여기고, 거기에 가서 그들과 함께 물고기를 잡았다. 그러면서 다투는 자들을 보면 그 잘못을 숨기고 이야기하지 않으며, 양보하는 자를 보면 곧 선행을 드러내 칭찬하여 모범으로 삼았다.

그렇게 한 해가 지나자, 물이 깊고 수초가 무성한 자리를 서로 양보했다. 무릇 순 임금처럼 명철한 성인이, 어찌 말 한 마디 내뱉어서 중생들을 훈계할 수가 없었겠는가? 그런데도 말로써 가르치지 않고 대신 몸소 솔선수범을 보였다.[14] 이것이 바로 훌륭한 기술자의 쓴 마음(良工苦心)이다.

우리들은 말법(末法) 시대에 처해 있다. 그러므로 자기 장점으로 남을 뒤덮으려 하지 말고, 자기의 선을 남에게 드러내어 과시하지 말며, 자기의 다재 다능을 뽐내 남을 곤궁하게 만들지 말아야 한다. 오직 자기의 재능과 지혜를 잘 거두어들여, 없는 듯 텅 비우고 감추어야 한다. 그리고 남의 잘못을 보면, 너그럽게 용서하여 그를 덮어주고 감싸주어야 한다. 그러면 한편으로는 그가 스스로 잘못을 고칠 수 있고, 다른 한편으로는 그가 스스로 되돌아보고 거리끼는 바를 깨달아, 감히

---

14) 중국 속담에 "말로 가르치면 따지고, 몸으로 가르치면 따른다(以言敎則訟, 以身敎則從)."는 명언이 있다. 인간의 내면 심리를 정확하게 찌르는 교훈이다.

방종하지 못하게 된다.

남에게 본받을 만한 사소한 장점이나 기록할 만한 조그만 선이라도 있음을 발견하면, 곧장 홀연히 자기를 버리고 그를 따른다(捨己從人). 아울러 그 선행을 아름답게 칭찬하고 널리 퍼뜨려서, 사람들이 본받도록 알려준다. 일상생활 속의 말 한 마디와 일 한 가지에서도, 결코 자기를 위해 염두를 일으키는 법이 없으며, 오로지 타인과 사물을 위해서 모범과 준칙을 세워야 한다. 이것이 바로 대장부가 천하의 공평무사(公平無私)를 실현하는 법도(法度)다.

둘째, 무엇을 일컬어서 **사랑과 존경을 마음에 품는다**(愛敬存心)고 하는가?

군자와 소인은 그 겉모습과 자취가 항상 서로 뒤섞여 헷갈린다. 오직 한 점 마음(一點心) 두는 곳에 따라 선과 악이 현격하게 동떨어지니, 소인과 군자는 마치 흑백처럼 판연히 다르다. 그래서 흔히 군자가 일반 사람과 다른 근본 이유는, 그 마음가짐(存心) 때문이라고 말한다. 군자가 가지는 마음은 단지 남을 사랑하고, 남을 공경하는 마음이다.

무릇 사람에게는 친근(親近)과 소원(疏遠), 부귀와 빈천, 지혜와 어리석음, 현명(賢明)과 못남(不肖) 따위가 있어, 그 성품이 천차만별이다. 그렇지만 모두 다 내 동포이며, 모두 나와 한 몸(一體)이다. 누구인들 마땅히 경애하지 않을 수 있겠는가? 뭇사람들을 사랑하고 존경하는 것이, 곧 성현들을 사랑하고 존경하는 것이다. 또 중생들의 뜻에 통하는 자는, 곧 성현의 뜻에 통하는 것이다.

왜 그러한가? 성현의 뜻은 본래 이 세상과 이 사람들이 각각 자기의 마땅한 자리를 얻도록 하려는 것이다. 따라서 내가 사랑에 일치하고 공경에 부합해서 한 세상의 사람들을 편안하게 하면, 이것이 곧 성현을 위해 세상 사람들을 편안하게 하는 것이다.

셋째, 무엇을 일컬어서 **타인의 아름다움을 완성시킨다**(成人之美)고 하는가?

옥이 돌 가운데 내팽개쳐져 서로 부딪치고 뒤섞여 있으면, 기와 조각이나 자갈과 다를 바가 없다. 그렇지만 그걸 잘 가려서 조탁(彫琢)하면, 천자나 제후의 보옥(寶玉)이 될 수 있다. 그러한 까닭에, 무릇 타인이 무슨 착한 일을 하려고 노력할 때, 더러 그 사람의 뜻이 가상(嘉尙)하고 그 자질이 정진(精進)할 만한 경우에는, 모름지기 그를 유인(誘引)하거나 어깨를 꽉 껴서라도 그를 완성시켜 주어야 한다.

그 방법이야 경우에 따라 다를 수 있다. 더러는 그를 격려하고 뭔가 빌려(보태) 주며, 더러는 그를 유지하고 보호해 주며, 더러는 그 사람의 억울함을 깨끗이 씻어주고 남들의 비방을 다 풀어준다. 그렇게 함으로써, 그가 하고자 하는 선을 다

완성할 수 있도록 힘쓴다.

　무릇 인간들이란 자기와 종류가 다른 사람은 서로 싫어하고 미워하기 마련이다. 그런데 일반 세간에는 착한 이가 적고, 착하지 못한 자가 많다. 그래서 착한 사람은 속세에서 스스로 서기가 아주 어렵다. 또한 호걸들이 아무리 쟁쟁할지라도, 자기 말이나 행동을 열심히 닦지 않으면, 대부분 흠이나 허물을 지적당하기가 쉽다. 이러한 까닭에 좋은 일은 항상 쉽게 실패하고, 착한 사람들은 항상 비방을 당한다. 오직 어진 군자와 덕 있는 원로(元老)만이 잘못된 것을 올바로 잡고, 나약한 이들을 붙들어 도와줄 수 있는데, 그 공덕이 최고로 크다.

　넷째, 무엇을 일컬어서 **남에게 착한 일 하도록 권한다**(勸人爲善)고 하는가?

　태어나서 사람이 된 자라면, 누가 양심(良心)이 없겠는가? 세간의 길은 사람을 피곤하게 부리기에, 허우적거리고 빠지기가 아주 쉽다. 무릇 남과 더불어 거처하는 경우에는, 서로 적절한 방법으로 이끌고 일깨워 주며, 미혹한 점을 깨우쳐 주어야 한다. 비유하자면, 아주 긴 밤 큰 꿈을 꾸고 있는 사람에게, 그 꿈을 한번 크게 깨닫도록 하는 것이다. 또는 아주 오랫동안 뜨거운 번뇌에 처박혀 있는 사람을 끌어내어 시원(淸凉)하게 흔들어 주는 것이다. 이러한 행동들이 은혜가 가장 넓고 크다.

한유(韓愈)는 일찍이 이렇게 말하였다.

"일시로 사람을 권할 때는 입(말)으로 하고, 백 세대를 두고 사람을 권할 때는 글로 한다(一時勸人以口, 百世勸人以書)."

이처럼 남에게 착한 일을 하도록 권함(勸人爲善)은, 앞서 말한 남과 더불어서 선을 행함(與人爲善)에 견주어 보면, 분명히 구체적인 모습과 자취가 있기 때문에, 좀 떨어진 것처럼 보일 수 있다. 그러나 이들은 여러 종류의 환자들에게 각자 병의 증상에 따라 서로 다른 약을 처방하는 것과 같다. 따라서 때때로 이 방법이 아주 기특하고 영험한 효과를 보일 수 있으니, 이것 또한 완전히 없앨 수가 없다. 말을 잃거나 사람을 잃는 경우에는, 마땅히 나의 지혜를 반성해야 한다.[15]

다섯째, 무엇을 일컬어서 **남의 위급함을 구제한다**(救人危急)고 하는가?

천재지변의 환난(患難)이나 앞으로 자빠지고 뒤로 넘어지는 위기는, 사람이면 누구나 때때로 당하는 것이다. 우연히 남의 이러한 재난을 보게 되면, 마땅히 자신이 몹시 아픈 질

---

15) 공자는 "더불어 말할 만한 사람인데 더불어 말하지 않으면 그 사람을 잃고, 더불어 말할 만하지 못한 사람인데 더불어 말하면 자기 말을 잃는다. 지혜로운 자는 사람도 잃지 않고, 말도 잃지 않는다(可與言而不與之言, 失人; 不可與言而與之言, 失言; 知者, 不失人, 亦不失言. - 論語, 衛靈公편)."는 유명한 말을 남겼다.

병이나 고통을 당하는 것처럼 여기며, 빨리 그를 풀어주고 구해주어야 한다. 때로는 말 한 마디로 그의 억울함을 풀어주기도 하고, 때로는 갖가지 방법을 찾아서 연달아 닥치는 액운들을 구제해 준다.

최자(崔子)는 일찍이 "은혜는 크고 많은 게 중요하지 않으며, 사람이 위급할 때 베풀면 충분하다(惠不在大, 赴人之急, 可也)."고 말했다. 이야말로 정말 어진 사람의 말이로다.

여섯째, 무엇을 일컬어서 **커다란 이익을 일으켜 세운다**(興建大利)고 하는가?

작게는 한 마을 안에, 크게는 한 도시(邑) 안에, 무릇 중생한테 이익이 있는 일이면 무엇이든 일으켜 세우기에 아주 적합하다. 더러 도랑을 만들어 물길을 트고, 더러 제방을 쌓아서 하천의 범람을 예방한다. 더러 다리를 놓아서 교통 왕래를 편리하게 만들고, 더러 음식물을 베풀어 굶주림과 목마름을 풀어준다. 인연(因緣)에 따라 서로 권장하고 인도해서, 함께 힘을 합쳐 세우고 닦되, 남의 혐오나 의심을 피하지 말고, 노고(勞苦)와 원망(怨望)을 사양하지 말라.

일곱째, 무엇을 일컬어서 **재물을 희사해서 복을 짓는다**(捨財作福)고 하는가?

불교 법문(法門)의 온갖 수행 가운데 보시(布施)가 으뜸이다. 이른바 보시라는 것은 단지 '버릴 사(捨)' 한 글자일 따름이다. 통달한 자는 안으로는 육근(六根: 눈·귀·코·혀·몸·생각)을 버리고, 밖으로는 육진(六塵: 色·聲·香·味·觸·法)을 버리며, 가진 것을 일체 모두 버리지 않음이 없다. 철저히 그러할 수가 없다면, 먼저 재물로부터 보시하기 시작한다.

세상 사람들은 옷과 음식으로 생명의 수단을 삼기 때문에, 재물이 가장 중요하다. 그런데 내가 가장 중요한 재물을 버릴 수 있다면, 안으로는 나의 인색함을 깨뜨리고, 밖으로는 타인의 긴급함을 구제하는 것이다. 처음에는 억지로 힘써 시도하다가, 점차 습관이 되면 마침내는 태연해진다. 무엇보다도 보시로 사사로운 욕망 감정을 깨끗이 씻어내고, 집착과 인색함을 제거하는 것이 가장 훌륭한 수행 방법이다.

여덟째, 무엇을 일컬어서 **정법을 잘 수호하고 지닌다**(護持正法)고 하는가?

법이란 만세(萬世)에 걸쳐 전해지는 모든 중생의 눈(眼目)이요, 빛이다. 정법이 있지 않다면, 무엇으로 천지자연을 참구(參究)하며, 무엇으로 만물을 성취하고 다스릴 것인가? 또 무엇으로 속세 홍진(紅塵)을 벗어나고 인연의 속박을 떠나며, 또 무엇으로 세상을 경륜(經綸)하고 세상에 우뚝 설 것인가? 무릇 성현의 사당(祠堂)과 초상이나 경전·서적들은 모두 마땅히 존경하고 중시하여, 그것들을 잘 보존하고 정리해야 한다.

정법을 높이 들어 널리 선양하는 일은, 위로 부처님과 성현의 은혜에 보답하는 중요한 선행이기 때문에, 더욱 힘써 노력해야 한다.

아홉째, 무엇을 일컬어서 **웃어른을 존경한다**(敬重尊長)고 하는가?

집안의 부모나 형제, 국가 사회의 통치자나 원로들, 그리고 무릇 나이가 많거나, 덕이 높거나, 지위가 높거나, 식견이 높은 사람들은 모두 마땅히 정성을 다해 받들고 섬겨야 한다. 집안에서 부모를 잘 받들어 모시는 효도는, 무엇보다도 마음속 깊은 사랑과 온화한 얼굴, 부드러운 목소리와 차분한 심기(心氣)를 습관화해서, 제2의 천성으로 만들어야 한다. 그러면 그러한 온화한 기운이 바로 하늘에 이르는(和氣格天) 근본이 된다.

밖에 나아가서 통치자를 섬기고 나라와 겨레에 봉사하는 충성도 중요하다. 특히 관리(공무원)로서 한 가지 일을 행하더라도, 임금님(상관)이나 인민이 모른다고 생각하면서 스스로 방자하게 구는 법이 없어야 한다. 또 법관으로 한 죄인에게 형벌을 내릴 때도, 아무도 알지 못한다고 생각하여 함부로 권세를 부리는 일이 없어야 한다. 임금님(국가 민족) 섬기기를 하늘을 섬기듯 하라(事君如天)는 옛 사람들의 지극한 말이 있다. 바로 이러한 곳이 음덕(陰德)과 가장 밀접히 관련한다. 한번 시험 삼아 충성하고 효도하는 집안을 살펴보라. 자손 대대로 오래 창성하지 않는 집안이 없다. 그러니 아주 신중히 행동해야 한다.

열째, 무엇을 일컬어서 **만물의 생명을 아끼고 사랑한다**(愛惜物命)고 하는가?

무릇 사람이 사람인 까닭은, 바로 중생을 측은히 여기는 사랑의 마음 때문이다. 인(仁)을 구하는 자는 바로 이것을 구하고, 덕(德)을 쌓으려는 사람은 바로 이것을 쌓아야 한다. 주례(周禮)에 보면, 맹춘(孟春·음력 正月)에는 종묘(宗廟)나 왕궁(王宮)에서 희생(犧牲)을 쓸 때도 암컷을 쓰지 않는다. 또 맹자(孟子)는 "군자는 푸줏간을 멀리한다(君子遠庖廚)."고 말했다. 이는 바로 내 측은지심(惻隱之心)을 온전히 보호하기 위해서다.

그래서 옛 사람들은 네 가지 먹지 않는 계율이 있었다. 도살하는 비명을 들은 고기는 안 먹고, 도살하는 것을 눈으로 본 고기도 안 먹으며, 스스로 기른 가축의 고기도 먹지 않고, 오로지 나를 위해서 도살한 고기도 먹지 않았다. 학문을 수양하는 자가 처음부터 육식(肉食)을 완전히 금할 수는 없겠지만, 마땅히 이 네 가지부터 조금씩 끊어가야 한다. 고기를 점점 끊어가다 보면, 자비로운 마음(慈悲心)도 점점 커진다.

특별히 살생(殺生)만을 경계할 것은 아니다. 꿈틀거리고 움직이며 영혼을 머금은 것은 다 만물의 생명이다. 비단실을 구하려고 누에고치를 삶고, 농사짓느라 쟁기나 괭이나 호미로 땅을 갈면, 자칫 그 안에 든 벌레를 죽이기 쉽다. 따라서 옷 입고 밥 먹는 일상생활의 유래가, 모두 다른 생명을 죽임으로써 내가 살아가는 인과관계임을 항상 명심해야 한다.

그래서 물건을 함부로 부수거나 낭비하는 죄악은, 마땅히 자기가 직접 만물을 죽인 살생과 같이 여겨야 한다. 심지어 손이 잘못해서 다치게 한 것이나, 발이 잘못해서 밟은 것들은, 얼마나 되는지 숫자조차 알 수 없다. 그러므로 이런 것들도 모두 완곡하고 섬세하게 최대한 예방해야 한다. 옛날 소동파(蘇東坡)의 시(詩)에는 이런 구절이 있다.

"쥐를 사랑해서 항상 (쥐 먹을) 밥을 조금씩 남겨 두고, 나방이 죽을까 불쌍히 여겨 불을 켜지 않는다(愛鼠常留飯, 憐蛾不點燈)."

이 얼마나 어진 마음인가?

선행은 무궁무진하여 실로 다 서술할 수가 없다. 그러나 이 열 가지 일(방법)로부터 출발하여 점차 미루어 확대해 나간다면, 온갖 덕이 모두 갖추어질 수 있다.

제 4 편

있을수록 고개 숙듯, 낮은 대로 임하소서!

겸손한 덕성의 효험(謙德之效)

주역(周易)의 겸괘(謙卦)에 이런 말씀이 있다.

"하늘의 도는 가득 찬 것을 일그러뜨려 겸손한 자한테 보태주고, 땅의 도는 가득 찬 것을 변화시켜 겸손으로 흐르게 하며, 귀신은 가득 찬 것을 해치고 겸손한 자를 복 주며, 사람은 가득 찬 것을 싫어하고 겸손한 자를 좋아한다(天道虧盈而益謙, 地道變盈而流謙, 鬼神害盈而福謙, 人道惡盈而好謙)."

이러한 까닭에 주역의 64괘 중 유일하게 겸괘(謙卦) 하나만이 여섯 효사(爻辭: 각 爻에 대한 占辭)가 모두 길하다. 또 서경(書經: 尙書)에는 "꽉 차면 덜어냄을 초래하고, 겸허하면 보탬을 받는다(滿招損, 謙受益)."는 말이 있다. 내가 여러 차례 여러 선비들과 과거에 응시하였는데, 매번 한미(寒微)한 선비가 장차 영달하려 할 때는, 반드시 몸과 마음(心身)으로 직접 감지할 수 있는 한 줄기 겸허의 광명(謙光)이 비치는 것을 보곤 하였다.

1

신미(辛未: 1571)년에 과거시험 보러 상경(上京)했을 때, 나는 가선현(嘉善縣)의 절친한 동향(同鄕) 열 사람과 함께 있었다. 그 열 사람 가운데 오직 정빈(丁賓: 字는 敬宇)이 나이가 가장 어린데도 지극히 겸허했다. 그래서 내가 비금파(費錦坡)라는 사람에게 이렇게 말했다.

"정형(丁兄)은 금년에 반드시 합격할 것입니다."

그러자 비금파가 반문했다.

"어떻게 그걸 알아보시오?"

이에 내가 이렇게 대답했다.

"오직 겸허함이 복을 받기 때문입니다. 형님, 보십시오. 열 사람 중에 경우(敬宇)만큼 공경을 다하고 정성스러우면서, 감히 남 앞에 나서지 않는 사람이 있습니까? 공경하고 순순하게 받들면서 조심하고 겸허하며 경외함이, 또 경우(敬宇)만한 사람이 있습니까? 모욕을 받으면서도 대꾸를 안 하고, 비방을 들어도 변론하지 않음이 경우만한 자가 또 있습니까? 사람이 정말 이와 같다면, 천지신명도 오히려 그를 보우(保祐)하러 나설진대, 어찌 뛰어나게 발휘하지 않겠습니까?"

합격자 방문(榜文)이 내 걸릴 때 보니, 과연 그 정씨(丁氏)가 급제했다.

2

정축(丁丑: 1577)년에 서울에 있을 때는, 붕개지(馮開之)라는 사람과 함께 머문 적이 있었다. 그는 자기를 겸허하게 비우고 용모를 단정히 가다듬으며, 그의 어린 시절 습관을 크게 바꾸는 모습이 두드러지게 눈에 띄었다. 그에게는 리제암(李霽巖)이라는 강직하고 성실하며 도움이 되는 벗이 있었다. 그런데 당시에 리제암이 붕개지의 잘못을 앞에 대놓고 공격하였으나, 그는 단지 평온한 마음으로 순순히 다 받아들일 뿐, 일찍이 한 마디도 말대꾸를 안 하는 것이었다. 그래서 내가 옆에 있다가, 그에게 이렇게 말해 주었다.

"복에는 복의 시작(실마리)이 있고, 화에는 화의 전조(前兆: 징후)가 있는 법이오. 이 마음이 정말 이렇게 겸허하다니, 하늘이 반드시 도울 것이오. 붕형(馮兄)은 금년에 반드시 과거에 급제할 것이오."

그런데 그는 과연 내 예언대로 그해 과거에 합격하였다.

3

유봉(裕峰) 조광원(趙光遠)은 산동성(山東省) 관현(冠縣) 사람이었다. 그는 소년 시절 향시(鄕試)에서 거인(擧人)이 되었으나, 중앙의 과거시험에는 오랫동안 합격하지 못했다. 그러던 중 그의 아버지가 가선현(嘉善縣)의 삼윤(三尹: 主簿)이 되자, 그 임지(任地)에 따라갔다. 그런데 그곳에 살던 전명오(錢明吾)라는 사람의 명망을 듣고 몹시 흠모하여, 자기 글을 가지고 방문해서 그에게 보여주었다. 이에 명오가 써 온 글을 보고 붓으로 모조리 지워버렸다. 그런데도 조유봉은 전혀 성질 내지 않을 뿐 아니라, 오히려 마음으로 복종하면서 바로 고쳤다. 그러더니 다음해 마침내 과거에 급제했다.

4

임진(壬辰: 1592)년에는 내가 조정에 들어가서 하건소(夏建所)라는 사람을 만나 이야기한 적이 있었다. 그런데 그 사람을 대해 보니, 심기(心氣)가 텅 비고 그 뜻이 아주 낮아, 겸손한 빛이 사람을 압도할 정도였다. 그래서 돌아와 한 친구에게 이렇게 예언하였다.

"무릇 하늘이 장차 어떤 사람을 높이 들어 올려 성공시키려면, 아직 그 복을 드러내기 전에, 먼저 그 지혜를 드러내는 법이오. 이 지혜가 한번 터지기 시작하면, 붕 뜬 사람들은 더 이상 겉으로 사치하지 않고 저절로 내실을 채우게 되며, 방자하게 굴던 자도 스스로 추슬러 단속하게 되지요. 그런데 건소라는 사람은 성격이 온화하고 선량하기가 진실로 이와 같으니, 반드시 하늘이 그를 열어 줄 것이오."

그 뒤 과거시험 방문(榜文)을 내걸 때 보니, 과연 그가 합격했다.

5

강음현(江陰縣)에는 장외암(張畏巖)이라는 사람이 있었다. 그는 학문을 많이 쌓고 문장을 잘 지어, 문예계(文藝界)에서 명망이 제법 있었다. 그가 갑오(甲午: 1594)년에 남경(南京) 향시(鄕試) 때 한 사찰에 잠시 기숙했는데, 급제자를 발표할 때 자기 이름이 명단에 없자, 시험관을 몹시 호되게 욕하며 눈이 삐었다고 비난했다. 그때 한 도인(道人)이 옆에서 빙그레 웃었다. 이에 장씨(張氏)의 분노는 갑작스레 자기를 비웃은 그 도인에게 옮겨 갔다. 그러자 도인이 이렇게 말하였다.

"당신의 관상을 보아 하니, 시험 답안 문장이 틀림없이 아름답지 못하겠소."

장씨가 더욱 화가 나서 따져 물었다.

"당신이 내 문장을 보지도 않고서, 어찌 아름답지 않다고 단언하시오?"

이에 도인이 점잖게 말하였다.

"내가 듣기로, 문장을 짓는 데는, 심기(心氣)가 화평(和平)한 것이 제일 중요하다고 하오. 지금 당신이 그렇게 험악하게 욕하는 소리를 들으니, 글 쓸 때도 심기가 평정(平靜)하지 못할 것이 분명하오. 그러니 거기서 나온 문장이 어찌 훌륭하겠소?"

장씨가 자기도 모르는 사이에 감복(感服)해서, 그에게 다가가 가르침을 청했다. 그러자 도인이 이렇게 일러주었다.

"합격은 전적으로 운명에 달려 있소. 그러므로 운명이 합격하지 않게 되어 있으면, 비록 아무리 문장이 뛰어나도 아무 이로움이 없소. 따라서 모름지기 자기가 스스로 운명을 바꾸어야 하오."

이 말을 듣고 장씨가 되물었다.

"그것이 운명이라면, 어떻게 바꿀 수 있겠습니까?"

그러자 도인이 다시 말하였다.

"운명을 처음에 안배하는 것은 하늘이지만, 그 운명을 개혁해서 다시 수립하는 것은 자신이오. 착한 일을 힘써 행하고 음덕(陰德)을 널리 쌓으면, 세상의 어떠한 복인들 구할 수 없겠소?"

이에 장씨가 다시 물었다. "나는 가난한 선비인데, 어떻게 공덕을 쌓을 수 있겠습니까?"

그러자 마침내 도인이 이렇게 점잖게 타일렀다.

"착한 일은 모두 다 마음으로 지으니, 항상 이 마음을 간직하면 그 공덕이 무한하오. 또한 겸허한 예절 같은 공덕은 돈을 전혀 쓰지 않아도 되는데, 그대는 어찌하여 스스로 반성하지 않고, 시험관을 욕한단 말이오?"

장씨는 이로 말미암아 자만심(自慢心)을 꺾고 스스로 자기를 지키면서, 선행을 날로 닦고 공덕도 날로 두텁게 쌓아 갔다. 그 뒤 정유(丁酉: 1597)년에 한 신기한 꿈을 꾸었다. 그 꿈에서 자기가 높은 방에 이르러 시험 합격자 명단을 한 권 얻었는데, 그 가운데 빈 줄이 많은 것을 보았다. 그래서 옆 사람에게 물어봤더니, 그것이 이번에 치르는 과거의 합격자 명단이라고 대답했다. 그래서 장씨가 다시 어찌하여 이렇게 빠진 이름들이 많은지 물었다. 그가 이렇게 대답해 주는 것이었다.

"과거시험을 시행함에는, 무형(無形: 陰間) 세계에서 3년에 한 번씩 심사와 비교 평가를 실시한다오. 그래서 모름지기 평소에 덕을 쌓고 허물이 없는 자라야, 바야흐로 급제자의 명부에 이름이 끼게 되오. 앞에 빠진 칸들은 원래 모두 시험에 합격해야 할 사람들이었는데, 새로 합격명부를 작성하면서 중간에 빼버린 자들이오."

그리고는 뒤이어 한 줄을 가리키면서, 이렇게 일러주는 것이었다.

"그대는 3년 동안 몸가짐을 자못 신중히 조심했으므로, 어쩌면 이 자리에 후보로 들어갈 것도 같소. 그러니 다행으로 여기고 자중자애하시오."

그런데 이 시험에서 그는 과연 제105등으로 합격했다.

이러한 실례로 미루어 본다면, 머리 위로 세 자(三尺) 허공에 반드시 신명(神明)이 계신다는 사실을 알 수 있다. 길함에 나아가고 흉함을 피하는 것은 단연코 우리 자신으로부터 말미암는다. 모름지기 우리가 스스로 마음을 잘 간직하고 행동을 통제하면서, 터럭만큼도 천지신명께 죄를 짓지 않도록, 마음을 텅 비우고 자신을 굽혀야 한다. 그래서 천지신명으로 하여금 때때로 우리를 불쌍히 여기도록 하여야만, 바야흐로 복을 받을 밑바탕(福田)이 있게 된다.

저 기세등등한 자들은 틀림없이 원대(遠大)한 그릇이 아니다. 설사 합격하는 운이 트이더라도, 높이 중용(重用) 받지는 못할 것이다. 조그마한 식견(識見)이라도 있는 선비는, 결코 자신의 도량(度量)을 스스로 비좁게 줄여서, 자기 복을 스스로 물리치는 어리석은 짓은 차마 저지르지 않을 것이다. 하물며 겸손하면 가르침을 받을 여지가 있고, 선을 끝없이 얻을 수 있음에랴! 더욱이 학업과 도업을 닦는 사람들은 결코 조금이라도 겸손의 덕을 잊거나 덜어서는 안 되는 것이다.

예로부터 "공명에 뜻이 있는 자는 반드시 공명을 얻을 것이고, 부귀에 뜻이 있는 자는 반드시 부귀를 얻을 것이다."라는 말이 전해 온다. 사람에게 뜻이 있는 것은, 나무에 뿌리가 있는 것과 같다. 이 뜻을 단단하게 세우고서, 모름지기 한 생각 한 생각마다 늘 겸허하고, 한 티끌 한 티끌마다 적절한 방법을 행해 나가야 한다. 그러면 자연히 천지를 감동시키고, 자기가 스스로 복을 지을 수 있게 된다.

그런데 요즈음 과거에 급제하기를 바라는 자들은, 애초부터 그렇게 진실한 뜻도 가지지 않고, 그 뜻이 단지 한 때의 생각과 감흥에 지나지 않는 경우가 많다. 감흥이 날 땐 열심히 구하다가, 감흥이 시들해지면 구하려는 뜻도 따라서 그만 둔다. 맹자는 일찍이 이렇게 말했다.

"왕이 음악을 몹시 열심히 좋아한다면, 제(齊)나라는 왕도(王道) 정치에 가까워질 것입니다."

나는 과거 합격도 또한 그러하다고 믿는다.

료범원황서생의 전기
료범사훈 옛날 서문

료범 원황 선생의 전기(了凡 袁黃 傳記)

원황(袁黃: 趙田逸農, 12월 26일 生, 1533~1606)은 자(字)가 곤의(坤儀)이고, 호(號)는 본디 학해(學海)였는데, 나중에 료범(了凡)으로 바꿨다. 도교(道教)의 공과격(功過格: 공덕과 죄과를 기록하는 표)을 부흥시킨 인물로, 강남 오강(吳江: 蘇州) 출신이지만, 조상들의 고향(先鄕)은 절강(浙江)의 가선(嘉善)이었다.

원기산(袁杞山)으로 알려져 있는 그의 고조부는, 황자징(黃子澄: 1350~1402, 본명은 湜)이 1402년 연왕(燕王) 주체(朱棣: 1360~1424, 후의 明 成祖, 永樂帝)의 정변에 대항하여 일으킨 거사에 함께 관여하였다. 그런 인연으로, 그는 정든 고향을 떠나 오강(吳江)으로 옮겨야 했다. 또 이러한 연유로, 원씨 집안에서는 3대 동안 관직에 종사하거나 과거에 응시한 사람이 없었다.

증조부 원호(字는 孟裳, 號는 菊泉)는 오강(吳江)에서 수(殳)씨 집안에 데릴사위로 장가들었는데, 혜제(惠帝: 1377~1402, 본명은 朱允炆, 연호는 建文, 明太祖의 손자)에 대한 충성심 때문에, 연왕한테 폐위(廢位)당한 군주(惠帝)를 칭송하는 주덕편(主德篇)이라는 글을 지었다.

그와 그의 아들 원상(袁祥 字는 怡杏), 그리고 그의 손자 원인 (袁仁: 字는 良貴)은 의사이면서 학자로서, 여러 방면에 많은 글을 남겼다. 원씨 집안의 또 다른 전통은 점술(占術)이나 생리학, 그리고 도교와 같은 민속 신앙을 신봉하는 일이었다.

원황은 이 전통을 무너뜨리고 집안에서 맨 처음으로 관직에 나아간 사람이다. 그는 1550년 18세에 수재(秀才)가 되었지만, 북경에 있는 국자감(國子監)의 공생(貢生)이 된 것은 무려 17년 뒤인 륭경(隆慶) 원년(丁卯 1567, 35세)에 이르러서였다. 륭경 4년(庚午 1570, 38세) 그는 주인(主人)을 획득하였지만, 전국 규모의 과거시험을 통과하여 진사가 되기까지는 16년이 더 걸렸다(萬曆 14년, 丙戌 1586, 54세).

첫 발령은 순천부(順天府) 보지(寶坻)현의 지현(知縣: 현감)으로 나서, 1588년(56세) 여름에 공무를 시작하였다. 그는 매우 양심바른 관리로서, 행정 문제와 백성들의 고통을 해결하는 일에 심혈을 기울였다. 보지현에서 세운 가장 유명한 공로는 토지세를 1무(畝)당 은(銀) 0.237냥에서 0.146냥으로 낮춘 것이다.

보지현이 사실상 북경의 영향권 아래에 있었던 까닭에, 조세미(租稅米)와 궁궐 부근 공사용 목재를 수송하는 일이 백성들의 부담을 크게 가중시켰다. 그는 백성들의 고통을 덜어주기 위하여 심혈을 기울였다. 또한, 그 지역에 닥치는 홍수나 가뭄 같은 재난을 해결하려고 매우 힘썼다. 그는 관심이

다양하여, 당시 국가의 위급한 현안이었던 변경 수비와 해양 운송뿐만 아니라, 과거에 응시하려는 유생들의 시험 준비에도 마음을 썼다.

일본인들이 조선(朝鮮)을 침략했을 때(1592), 조선의 왕은 중국에 급히 도움을 청하였다. 명(明)나라 조정(朝廷)은 처음에는 송응창(宋應昌)을 건주(建州)와 료동(遼東)의 총독으로, 리여송(李如松)을 제독으로 임명하였다. 이 무렵 원황은 병부의 직방사(職方司: 地圖와 사방의 職貢을 관장하는 부서) 주사(主事)로 승진하였다. 그는 병부의 동료였던 류황상(劉黃裳 字는 玄子)과 함께 조선으로 가는 원정군의 군사자문으로 임명받았다. 둘 다 젊지 않은 나이이어서, 원황은 60세였고, 류황상은 이미 환갑을 넘었다.

1593년 초에 그들은 압록강을 건너 조선에 당도하였다. 리여송이 초기에 승전(勝戰)을 계속하면서 그들은 평양으로 옮겨갔지만, 불행하게도 전세는 곧 불리해지기 시작하였다. 전황은 뒤바뀌고, 남북 세력 사이에 다툼이 생겼으며, 북경에서는 추문과 우유부단으로 어수선하였다. 원황과 류황상은 이러한 실패에 대한 비난과 책임을 다른 사람들과 함께 뒤집어쓰고, 곧 면직(免職)당하여 물러났다.

리여송이 공물을 책봉한다고 왜군을 속여, 왜군이 이를 믿고 방비하지 않자, 그 틈을 타서 리여송의 군대가 평양에서 왜군을 대파했다. 그런데 료범은 속임수를 써서 중국의 체면을 훼손해서는 안 된다고 그를 면전에서 비판했던 것이다. 또

여송의 휘하 병사들이 평민을 살륙하여 공로를 다투자, 료범은 이것도 강하게 논쟁하였다.

이에 여송은 매우 불쾌하게 여기고 분노하여, 홀로 자기 군사를 이끌고 동쪽으로 가버렸다. 그러자 왜군이 료범을 습격했다. 료범은 그들을 격퇴했는데, 여송의 군대는 왜군에게 과연 패배하고 말았다. 여송은 패전의 죄에서 벗어나려고 열 가지 죄를 거론하여 료범을 탄핵하고, 결국 료범은 파직당해 귀국하기에 이른 것이다. 그러나 황제가 바뀐 뒤, 사후(死後)에 원황은 조선의 임진왜란에서 세운 공로로 상보사소경(尙寶司少卿)의 관직을 추증(追贈)받았다.

조선왕조실록(朝鮮王朝實錄)에는 중국 기록에서 찾아 볼 수 없는 흥미로운 내용이 실려 있다. 원황은 음양오행(陰陽五行)과 별자리(星座) 운행의 천도(天道)를 논하면서, 새벽 하늘을 관찰하였다. 그리고는 조선의 군신(君臣)들이 모두 모인 성(城) 주위에 기운(氣運)이 울창하게 왕성하므로, 잃어버린 영토를 틀림없이 회복할 것이라고 예언하였다. 중국의 점법(占法)으로 천기(天氣)를 관찰한 뒤 내린 예언은, 조선의 선조(宣祖) 임금을 꽤 당혹스럽게 만들었다.

더구나 원황이 개성에서 경국대전(經國大典)을 열람한 뒤 몇 가지 질문을 던지자, 조선의 왕은 매우 불쾌하게 여겼다. 선조는 원황이 경국대전을 중국으로 가져가지 못하도록 막기 위하여, 경국대전이 그의 손에 닿지 않게 감추라는 명령을 관리들에게 거듭 내렸다. 이는 특히 경국대전의 내용이 중국의 비위를 건드려 난처한 일이 일어날까 염려한 때문이었다.

예컨대, 중국에서 하사하는 시호(諡號)와 별도로 독자적인 묘호(廟號)를 사용하는 점과, 일본에 통신사(通信使)를 파견하는 점, 그리고 금은(金銀)의 유통을 금지한 점 등의 문제가 특히 민감하였다. 이에 대하여 중국 측이 추궁할 질문을 예상해 보고, 그에 대한 답변을 준비하도록 분부하기도 하였다. 조선인들이 중국 관리들을 경계하고 비판하는 의심의 눈초리로 대했음이 거의 명백한 것이다.

16세기의 많은 선비들처럼, 원황도 당시 환경과 시대 조류에 따라 유학자인 동시에 불교 신앙과 도교(道敎)의 전례(典禮), 그밖에 민간 신앙에도 깊은 관심을 가졌다. 그는 유불선(儒佛仙) 삼교(三敎)의 융합을 장려했으며, 도교의 공과격을 다시 소개하였다. 불교에서는 그가 불교도였다고 늘 주장해 왔지만, 어찌 보면 그는 림조은(林兆恩)과 함께 명말(明末) 종교적인 도교를 부활시킨 양대 인물이다.

63세가 되어 원황은 자기 아들 원엄(袁儼: 본문에 등장하는 天啓)을 위해 교훈서를 썼다. 이것이 후대에 출판에 출판을 거듭하며, 훈자언(訓子言), 료범사훈(了凡四訓) 등과 같은 여러 이름으로 불리게 되었다. 이 책의 첫 편에는 흥미로운 자서전의 일부가 적혀 있다.

원황은 아버지를 일찍 여의고, 아직 10대(代)일 때, 어머니의 분부를 받고 과거 준비를 걷어치운 채 의학을 배웠다고 이야기한다. 그때 그는 운남(雲南)에서 온 공씨(孔氏)라는 도인(道人)을 만난다. 공씨는 그가 관직에 나아갈 운명이며, 이듬해에는 수재(秀才)가 될 것이라고 일러주었다. 이에 따라 원황은 의학을 그만두고 다시 관직을 추구하였다.

이듬해에 그는 과연 모든 시험에서 공씨가 예견한 등급 그대로 급제하였다. 그러자 공씨는 전 생애에 걸친 운명을 예언해 주었다. 관료로서 제한적 지위에 머물 것이며, 53세에 사망하고 아들이 없을 것이라는 운명이었다. 그 뒤 약 20년간 공씨가 말한 모든 것이, 심지어 그가 녹봉(祿俸)으로 받을 쌀의 양까지 맞아떨어졌다. 예언 그대로 그는 공생(貢生)이 되어 북경의 국립대학에 갔다. 수도(首都)에서 1년을 보낸 뒤, 남경(南京)에 있는 국자감으로 옮겨가게 되었다(1569, 37세).

그러나 대학에 출근하기 전에, 남경 동북쪽에 있는 서하(棲霞)의 유명한 스님인 법회(法會) 운곡 선사(雲谷禪師: 1500~1579)를 찾아갔다. 사흘 밤낮 동안 이 박학한 승려와 원황은 조용히 대좌(對坐)하였다. 그리고 법회 운곡 선사는 원황에게 그의 삶과 생각이나 사상, 믿음에 대하여 질문하기 시작하였다. 원황은 공씨가 한 예언이 정확하여 자기가 숙명론자가 되었음을 고백하였다.

이런 상태에 갇힌 원황을 일깨워주기 위하여, 법회 운곡 선사는 불교의 인과응보와, "하늘이 내린 화는 피할 수 있어도, 스스로 초래한 것은 피할 수 없다."는 유교의 가르침과, 도교의 공과격을 통한 자아 수련을 이야기했다. 유불선(儒佛仙) 삼교합일(三教合一)의 가르침에 크게 깨달은 원황은, 그때 그곳에서 이성을 통한 새 삶(再生)을 얻기로 결심하였다.

이러한 개인의 굳은 각오를 나타내기 위하여, 원황은 원래 학해(學海)였던 자기 호(號)를 료범(了凡)으로 바꿨다. 법회 운곡 선사가 범부(凡夫)만이 운명에 얽매일 뿐이라고 일러주었기 때문에, 자기는 이제 운명의 속박에서 벗어나 '평범함을 끝마치겠다'는 결의를 다진 것이다.

여기에서 불교 승려인 법회 운곡 선사가 원황에게 도교의 공과격을 가르쳤는가 하면, 또한 명나라 때 명승인 운서(雲棲) 대사[16]가 젊었을 때(약 1550년) 공과격을 재판(再版)하고, 1604년에는 이것을 『자지록(自知錄)』이라는 제목으로 출판하여 불교도들에게 알맞게 변형시켰다는 사실이 주목할 만하다. 이는 16세기 즈음에 이르러서 유불선(儒佛仙) 삼교(三教)가 얼마나 서로 융합하고, 또 서로 어떻게 영향을 끼쳤는지 여실히 보여준다.

법회와 만난 뒤에 원황은 공씨가 예언한 운명의 주술(呪

---

16) 운서(雲棲): 이름은 주굉(袾宏), 자(字)는 불혜(佛慧), 호(號)를 따라 흔히 연지(蓮池) 대사라고 부름. 32종의 저서를 남겼는데, 운서법휘(雲棲法彙)라고 부름. 만력(萬曆) 43년 입적함. 연지 대사의 자지록 서문(自知錄序)은 따로 번역해 이 책에 실으니 참조 바람.

術)에서 벗어났다. 3천 가지의 선행공덕(善行功德)을 발원하고, 이를 성공리에 이루었다. 그 결과 그는 지방 과거에 합격하고 주인(主人)이 되었다(1570, 38세). 그 뒤에 그는 아들을 얻기 위하여 다시 3천 가지 선행을 발원하였고, 1581년(49세)에는 아들이 태어났다. 그리고는 승진을 위해 힘을 쏟아 진사가 되었다(1586, 54세). 마침내 그는 정정한 채 54세 나이로 진사가 되었고, 그 뒤에도 20년 남짓 더 살았다.

보지현의 지현(知縣)이 된 뒤로는, 만 가지의 공덕을 쌓기로 한 서원(誓願)이 지지부진하여 걱정이었다. 그러던 어느 날 밤 신(神)이 꿈에 나타나서, 토지세를 조금 낮춰주기만 해도 단번에 만 가지의 선행이 이루어진다고 일러주었다. 그가 아직 이 꿈의 내용을 확신하지 못하고 있을 때, 오대산(五臺山)에서 온 스님이 조세 경감 조치로 만 명 이상이 덕을 볼 수 있다며, 그 꿈의 내용을 입증하였다.

료범은 학문을 좋아하고, 고금(古今)의 시무(時務)에 통달하여, 상수(象數)・지리(地理)・위서(緯書)・율력(律曆)・산술(算術)・병법(兵法)・행정(行政)・수리(水利) 등을 두루 연구하였다. 보지현에 재직 중에는 부지런히 민생 이익을 추구했다. 특히 현에 수재(水災)가 자주 발생하므로, 료범은 하천을 준설하고 제방을 축조하여 물난리를 막았다.

또, 백성들에게 해안에 버드나무를 심도록 분부하여, 바닷물이 몰고 오는 모래가 버드나무에 막혀 쌓임으로써 제방이 되도록 만들었다. 물도랑과 하안(河岸) 부지를 정리하고 파종 경작을 독려하여, 황폐한 토지가 날로 농경지로 일구어졌으며, 또 부역을 경감하여 민생을 평안하게 도모하였다.

원황이 남긴 저술은 대체로 세 범주로 나눌 수 있다. 정치-행정 관련서, 윤리-종교에 관한 저술, 그리고 과거 준비를 위한 참고 서적이다.

1605년(73세)에는 비교적 짧은 11편의 글을 료범잡저(了凡雜著)라는 제목으로 출판하였다. 그 중에 4편, 즉 농업에 관한 권농서(勸農書), 수도 근교의 수자원 보호에 대한 황도수리(皇都水利), 달력에 관한 역법신서(曆法新書), 그리고 그가 봉직한 보지현의 행정에 관한 정서(政書)가 첫째 범주의 대표작이다.

둘째 범주에는 아들을 위한 훈계서와, 후사(後嗣)를 비는 요체(要諦)가 담긴 기사진전(祈嗣眞詮)이 해당한다. 셋째 범주에는 중국사의 대강을 그린 것으로 1606년에 초간(初刊)한 강감보(綱鑑補)가 있다. 그의 아들이 주(註)를 단 군서비고(群書備考)는 과거시험 지망생들을 위하여 편찬한 책이다.

언제 처음 나타났는지는 명백하지 않지만, 심창세(沈昌世: 字는 文甫)가 증보하여 발행한 4권짜리 판본이 증정(增訂), 전장(全場), 이삼장(二三場) 군서비고(群書備考) 등의 여러 가지 긴 제목으로 나돌았다. 이 책은 청(淸)나라 건륭조(乾隆朝)에 국가 기밀을 누설하여 적을 이롭게 할 수 있다는 이유로, 북방 변경 지도들을 삭제하라는 명을 받았으나, 다행히도 완전한 판본을 보존한 채 전해지고 있다. 과거 응시자를 겨냥한 평주팔대문종(評註八代文宗)이라는 산문총서 역시 사고전서(四庫全書) 목록에서 언급하고 있다.

원황의 문집인 14권짜리 양행재집(兩行齋集)은 그가 서거한 직후에 출판한 듯한데, 그의 사상과 신앙을 연구하는 데 매우 중요하다. 예를 들자면, 송응창(宋應昌)에게 보낸 편지에는, 그가 원래 조선에 원정군을 보내지 말자고 반대한 사실이 나타난다. 그리고 드물게나마 언급하는 왕수인(王守仁)의 별난 제자 왕간(王艮: 1483~1541, 字는 汝止, 號는 心齋)의 전기는, 그와 왕양명학파(王陽明學派) 사이의 관계를 더욱 잘 보여준다.

어느 자료에 따르면, 그가 그의 거처 이름과 총서 제목으로 선택한 '양행(兩行)'이라는 용어는, 그가 유학자(儒學者)이면서 도교(道敎)와 불교(佛敎)의 가르침도 함께 따랐다는 사실을 암시한다고 주장한다. 그밖에도 명상(冥想: 參禪)에 대한 저서인 『정좌요결(靜坐要訣)』이 그의 것으로 여겨지고 있다.

원황은 자선가였다고 전해진다. 그는 부유하지 않으면서도 항상 보시를 즐겨하였다. 그가 내놓는 곡식 중 70%는 불교 승려들에게, 30%는 친척과 친지들에게 돌아갔다고 한다. 그는 일상생활 속에서 거처함에, 항상 경전을 독송하거나 주문(眞言)을 염송하고, 정좌참선(靜坐參禪)을 즐겨하였다. 이러한 일과는 아무리 바쁘고 갑작스러운 일이 생겨도, 매일 끊임없이 정해진 규칙으로 실행하였다.

부인은 성품이 매우 현숙(賢淑)하여, 항상 보시 적선을 내조(內助)하면서, 스스로 그 공과(功過)를 기록하였다. 글을 쓸 줄 몰랐기 때문에, 거위 깃털 대롱으로 인주를 묻혀 달력 날짜 위에 찍는 방법을 사용했다. 그리고 더러 료범이 세운 공로가 적은 경우에는, 곧 이마를 찌푸리며 질책하였다. 일찍이 부인이 아들에게 겨울 외투를 만들어 주려고 목화솜을 산 걸 보고 료범이 물었다.

"가볍고 따뜻한 비단도 집안에 있는데, 하필 무겁고 천한 목화솜을 사시오?"

그러자 부인은 이렇게 대답했다.

"비단은 비싸고 목화솜은 싸기 때문에, 비싼 것을 싼 것과 바꾸면 솜옷을 많이 만들어, 추위에 떠는 사람들에게도 나누어 줄 수 있지 않겠습니까?"

이에 료범은 매우 기뻐하였다.

"부인이 이와 같을진대, 우리 아들에게 복록이 없을까 걱정할 필요가 없겠소."

과연 아들 엄(儼)도 나중에 진사가 되어, 마침내 광동(廣東) 고요현(高要縣)의 지현(知縣: 현감)에까지 이르렀다.

(이 傳記는 청(淸)나라 건륭(乾隆) 전후에 생존했던 팽소승(彭紹升)이 지은 원료범거사전(袁了凡居士傳)과 영문본(英文本) 전기를 번역하고, 여기에 조선왕조실록의 내용을 다소 보충하여 종합 정리한 것이다. 영문본 전기는 대섭(大涉) 조성호 동학이 초역(初譯)해 주었다.)

료범사훈 옛날 서문
작자 미상 (逸名氏)

I

문장에는 붓을 우뚝 세워 즉석에서 일필휘지(一筆揮之)로 쏟아내는데도, 지극히 정교하고 절묘한 것이 있다. 예컨대, 한유(韓愈)[17]의 제십이랑문(祭十二郞文: 조카의 죽음을 애도한 祭文)이 그러하다. 또 문장에는 오래 전에 이미 탈고(脫稿)한 다음에도, 날이 가고 달이 지날수록 수정과 퇴고(推敲)를 거듭하면서, 백천 번 갈고 닦아 수십 년이 지난 뒤에야 비로소 결정본(決定本)을 완성하는 것도 있다. 우(구)양수(歐陽修)[18]의 롱강천표(瀧岡阡

---

17) 한유(韓愈: 768~824): 당대(唐代) 문학가·철학가로 자(字)는 퇴지(退之), 자호(自號)는 창려(昌黎), 시호(諡號)는 文(公). 류종원(柳宗元)과 함께 고문운동(古文運動)을 주창하여 당송팔대가(唐宋八大家)의 선구자가 되었는데, 류종원(柳宗元)이 불교까지 아우른 것과는 달리, 유가독존(儒家獨尊)의 척불론(斥佛論)으로 유명함. 송(宋)대의 주희나 우(구)양수도 한유처럼 척불론을 견지함.

18) 우(구)양수(歐陽修: 1007~1072): 북송(北宋)의 문학가·사학가(史學家). 자(字)는 영숙(永淑), 호(號)는 취옹(醉翁)·육일거사(六一居士), 시호(諡號)는 문충공(文忠公), 북송 고문운동(古文運動)을 영도한 당송팔대가(唐宋八大

表)[19]가 그것이다.

원료범 선생은 한유와 우(구)양수의 문필(文筆)로 한유와 범중엄(范仲淹)[20]의 재주를 발휘하여, 자신이 평생 체득한 경험 지혜로 이 료범사훈을 저술하였다. 수십 년간 몸과 심성을 수양(修身養性)하고, 일취월장의 견문 체험을 쌓은 데다, 수십 년간 자구단련(字句鍛鍊)의 윤색(潤色)까지 덧보태었다. 그래서 그 문장이 매우 정교하고 심오하면서도 크고 넓으며, 그 이치는 중용과 정도(正道)에 부합하면서 정밀하고 미묘하다.

'개과(改過)의 방법'과 '적선(積善)의 방도' 두 편이 이 글의 중심이 되는 본문(本文)이다. 개과의 방법은 "어떠한 죄악도

家)의 한 사람. 신당서(新唐書)와 신오대사(新五代史)를 편수(編修). '歐'는 본디 독음이 '우'인데, 우리는 '구'로 잘못 읽음. 예컨대, 'Europe'은 중국어로 비슷하게 음역(音譯)해서 '오우루오빠(歐羅巴)'인데, 우리는 연유도 모른 채 '구라파'로 읽고 있으며, '西歐'도 '서유럽'의 준말인데 우리는 '서구'로 통용하고 있다.

19) 롱강천표(瀧岡阡表): 4세 때 부친을 여의고, 홀어머니의 근검과 인애 속에 자란 우(구)양수가 64세 때 이르러, 이미 작고하신 부모를 위해 지은 묘도비문(墓道碑文). 그 부친이 관리로서 청렴하고 재판을 신중히 하며 부모를 효성스럽게 섬겼다는, 모친의 자상하고 간절한 훈계를 회고적으로 서술함과 동시에, 그 모친의 근검 절약하고 돈후 인자한 덕성을 질박하면서도 진솔한 감정으로 표현한 명문장(名文章)이다.

20) 범중엄(范仲淹: 989~1052) 북송(北宋)의 정치가·문학가, 자(字)는 희문(希文), 시호(諡號)는 문정공(文正公). 개혁 정치를 주장하였으나, 보수파의 반대로 실현하지 못하였다. "천하의 근심을 맨 먼저 근심하고, 천하의 쾌락을 맨 뒤에 즐긴다."는 '先天下之憂而憂, 後天下之樂而樂'의 유명한 말을 남겼다.

짓지 말라(諸惡莫作)."는 정신을 발휘한 것이고, 적선의 방도는 "많은 선을 받들어 실행하라(衆善奉行)."는 가르침을 상세히 강의한 것이다. '입명(立命)의 학문' 편은 자신의 내력을 들추어 현신설법(現身說法)한 방대한 문장이다.

오직 겸허한 자만이 스스로 돌이켜 자기 내부를 성찰할 수 있고, 오직 자기를 반성하는 자만이 스스로 자신의 허물을 따지고 책망할 수 있다. 또 스스로 따지고 책망하는 자만이 잘못을 회개하는 데 인색하지 않을 수 있고, 오직 잘못을 회개하는 자만이 비로소 선행의 일이 진지하고 절실하게 된다. 그리고 오직 선행이 진실한 다음에야, 비로소 자신의 운명을 수립할 수 있게 된다.

그는 처음에 어머님의 명을 받들어, 과거 준비 학업을 포기하고 의술을 배우게 되었다. 그런데 다음에 공(孔) 선생의 운수 예견을 믿고, 더 이상 인간의 의지로 추구하는 것이 불가능하다고 믿어 담담하게 지냈다. 그러다가 마지막에 운곡(雲谷) 대사의 가르침을 받은 뒤, 정해진 운수를 움직이기 시작했다. 이 세 단락이 바로 료범 선생이 말한 것처럼, 겸허하면 가르침을 받을 여지가 있다는 의미다.

무릇 닭 무리 가운데 우뚝 선 학(群鷄一鶴)과 같이 준수(俊秀)하면서도, 고관대작의 의복을 헌옷처럼 내버릴 수 있는 걸 보면, 단지 그의 품성이 고아할 뿐만 아니라, 그 효성 또한 지극한 것을 짐작할 수 있다. 료범의 모친이 아들에게 분부한 말은 룽강천표와 완연히 비슷하다. "나는 너를 가르칠 수 없으니, 이는 네 부친의 뜻이다."는 단락의 말은, 표(表) 가운데 나타나는 태부인(太夫人)의 현명함이 그대로 재현한 듯하다.

료범 선생이 공(孔) 선생의 운수 산출을 믿은 것은, 함부로 맹신한 것이 아니다. 반드시 그 운수가 사소한 부분까지 모두 의심할 나위 없이 영험하게 들어맞는 것을 확인한 뒤에 비로소 독실하게 믿고, 마침내 독서할 생각을 일으키게 되었다. 그러니 이 얼마나 조심스럽고 신중한가? 공 선생의 운수 산출이 과거시험에서 등수까지 모두 정확히 부합함을 확인한 뒤, 다시 종신 운수를 점쳤다. 또 눈앞의 일이 조금도 어긋나지 않음을 보고, 비로소 먼 앞날에 대한 믿음을 견고하게 가지게 되었다. 그러니 이 또한 얼마나 안전하고 든든한가?

운곡 대사가 료범 선생에게 잘못을 회개하도록 가르칠 때 이렇게 분부했다.

"종래의 모습일랑 모조리 다 고쳐 씻어내고, 종전의 습관 기질은 이미 죽어 버린 것처럼 여겨서, 앞으로는 새로 태어난 것처럼 날로 새로워지시오!"

그때 료범 선생은 이 말을 듣고 벌써 너무도 명료했다. 이러한 상황을 보통 사람들이 어떻게 느끼고 이해할 수 있었겠는가?

그래서 '개과(改過)의 방법' 편에서 이를 비통하고 절실하게 되풀이하였다. 허물을 고치는 방법으로 수치와 경외와 용기의 세 가지를 전수하고, 구체적인 사실과 추상적인 이치와 본질적인 심성 세 단계의 난이도를 강론하였다. 그리고 혹시 사람들이 자신은 고칠 잘못이 없다고 스스로 착각할까봐 염려하여, 다시 거백옥(蘧伯玉)이 과오를 고쳐나간 실례를 한 단락 기록하였다. 사람에게는 누구나 반드시 잘못이 있는데, 다만 자신이 스스로 살피지 않을 따름이라는 사실을 입증하고 강조한 것이다.

운곡 대사는 료범 선생에게 적선을 가르치면서, 무념무상(無念無想)의 곳으로부터 천지신명을 감동시키며, 잡념망상이 들락날락하지 말고, 분수 밖의 요행은 터럭 끝만큼도 바라지 말라고 당부하였다. 이 몇 구절의 말은 료범 선생이 이미 그 뜻을 모두 체득하였다. 그러나 료범 선생은 사람들이 이치는 제대로 궁구(窮究)하지 않은 채, 스스로 적선을 실행한다고 여기면서, 오히려 죄악만 짓는 줄은 모를까 걱정하였다. 그래서 '적선의 방도' 편에서 이를 자세히 논하고, 깊이 있게 분별하였다.

'적선' 편의 전문은 크게 세 단락으로 나눠지는데, 매 단락에는 대략 열 개의 작은 단락이 있다. 먼저 과거의 구체 사례 10조목을 서술하여, 인과응보의 법칙이 틀림없음을 입증함으로써, 후세 사람들의 모범이 되도록 제시하였다. 다음으로 8쌍의 16범주(範疇) 관점에서, 적선의 원리를 정밀 분석하였다. 사람들이 구체 상황의 시비선악을 헤아리지 않은 채,

맹목(盲目)으로 감당하고 나서는 착오를 범하지 않도록 예방하기 위해서였다. 마지막으로 10대 강령을 표시하여, 만 가지 덕행을 통솔하였다.

료범 선생은 자신의 수행 과정이, 힘써 노력하는 유위(有爲)의 단계로부터 자연스러운 무위(無爲)의 경지에 이르렀다고 스스로 서술하고 있다. 처음에 3천 가지 선행을 서원(誓願)하여, 10년에 걸쳐 비로소 완성할 수 있었다. 그 다음에 3천 가지 선행을 발원하여서는, 단지 4년 만에 모두 이루었다. 그리고 다시 만 가지 선행을 발원하여, 겨우 3년 만에 한 가지 일로써 이를 일시에 원만히 성취하였다.

그러므로 처음 선을 실행할 때는 그 곤란함을 이기지 못할 것처럼 보이더라도, 실행이 익숙해지면 저절로 마음에 체득하고 손발이 척척 맞는 묘한 즐거움의 경지에 이르게 됨을 알 수 있다. 그런데 사람들이여, 또 무엇을 거리껴 선을 실행하지 않는단 말인가?

'입명' 편 마지막 부분에 나오는, '공 선생이 내가 53세에 액운이 있겠다고 산출했다'부터 '세속의 논리이다'까지의 한 단락은, 사실상 '입명' 편의 종결을 이룬다. 그런데 '너(료범의 아들 天啓)의 운명' 단락은, 바로 앞 문장을 이어 뒤의 여섯 생각(六想)과 여섯 사념(六思) 및 개과(改過)의 마지막 세 작은 단락이라는 잔잔한 여파(餘波)를 일으킨다.

문장에 비록 여운의 꼬리가 있지만, 말은 더욱 긴밀하고 의미는 더욱 절실하다. 여섯 가지 물러나 생각하는(六退想) 것은, 숙명의 기초 위에 겸허의 덕을 가르치고 있다. 이 문장은 겸허로 시작하여 겸허로 마치면서도, 겸(謙)자는 한 글자도 직접 언급한 적이 없다. 그래서 '겸덕의 효험'으로 마지막 편을 삼고 있다.

이편의 전반부는 정(丁)·붕(馮)·조(趙)·하(夏)씨 4인의 겸허한 덕성을 기록하고 있는데, 글을 읽으면 마치 그 사람들을 눈앞에 대하는 듯하다. 후반부는 장외암(張畏巖)의 오만 불손함을 서술하고 있는데, 그가 한 도인(道人)을 만나 잘못을 회개하는 단락은 하나의 작은 '입명' 편을 이룬다. 여기의 도인은 그야말로 완연한 또 한 분의 운곡 대사인데, 장외암이 그를 만났으니 얼마나 복이 많은가?

추구하는 것 없이 담담히 지내면서 스스로 겸허한 료범 선생을, 운곡 대사가 포섭하기는 쉬웠을 것이다. 하지만, 도인이 욕구 많고 자만심 가득한 장외암을 굴복시키기는 어려웠을 것이다. 정확히 간파하고 혹심하게 두들겨 패서, "그 심기(心氣)가 평정하지 못한데 문장이 어찌 훌륭할 수 있겠소?"라고 책망한 것은, 곧장 깊은 연못 속에 잠들어 있는 여룡(驪龍) 턱의 구슬을 찾아낸 것이나 다름없다. 그러니 그가 굴복하지 않을 수 있겠는가? 그가 마음에 굴복하여 가르침을 청하고, 도인이 이에 그를 가르쳐 변화시켰으니, 그 적선과 입명의 내용은 마치 운곡 대사가 료범 선생에게 말하는 것과 비슷했다.

오호라! 망망한 사바고해(娑婆苦海)에 어디서 운곡 대사나 도인 두 사람과 같은 대종사(大宗師)를 만날 수 있을 것인가? 설혹 만난다고 하더라도, 또한 이처럼 맹렬하고 신랄한 훈계를 받아들일 수 있어야만, 선지식(善知識)의 한 조각 보살 마음을 저버리지 않게 된다. 그러니 감히 힘써 분발하지 않을 수 있겠는가?

'입명' 편 마지막 부분에서, "안으로 자기의 사악함 막을 것을 생각한다."는 구절이, "매일같이 잘못을 알아차린다."로 순조롭게 이어지고 있다. 이 한 단락은 그 다음에 이어지는 '개과의 방법' 편에 실마리를 풀어 놓는다. 다시 운곡 대사를 찬탄하여, 입명의 본 주제로 귀결하는 치밀함이 특히 돋보인다.

그래서 료범사훈은 단지 실질상의 내용으로만 천고(千古)의 명언이 아니라, 형식상의 체계로도 또한 천고의 미묘한 명문장이다. 지금까지 서술은 문장의 단락을 대략 언급한 것일 따름이다. 언어 밖의 정신과 문자 안의 의미는 붓과 혀로 이루 다 표현할 수 없으니, 각자 자세히 읽고 음미해 보면 스스로 느낄 것이다.

인광 대사 서문(印光大師序文)

성현의 도는 오직 정성(誠)과 광명(明)일 뿐이다. 성인과 미치광이의 구분은 한 순간 일념에 달려 있다. 성인도 마음을 놓아버리고 망상을 좇아가면 곧 미치광이가 되고, 미치광이도 한 순간 생각을 극복하면 성인이 된다. 지조와 방종, 이득과 상실의 형상은, 비유하자면 물을 거슬러 올라가는 배와 같아서, 앞으로 나아가지 않으면 곧 퇴보하는 것이다. 그러므로 힘써서 자기 마음을 꽉 붙잡아야 하며, 행여 터럭 끝만큼이라도 방종하고 제멋대로 내맡겨서는 안 된다.

무릇 성(誠)이라는 한 글자는, 성인과 범부가 함께 갖추고 있으며, 둘로 나누어지지 않는 한결같은 진심이다. 또 명(明)이라는 한 글자는, 보존 함양하고 분명히 성찰하는 것으로서, 범부에서 성현으로 통하는 확 트인 길이다.

그런데 범부의 경지에서는, 일상생활 가운데 온갖 상황(잡념망상)이 몰려든다. 그래서 한번 조심히 살피지 않으면, 도리에 어긋나는 갖가지 사사로운 감정과 생각들이 눈 깜짝할 사이에 막 생겨난다. 이러한 잡념망상이 일단 생겨나면, 인간의 본래 청정한 진심이 거기에 뒤덮여 갇히게 되고, 그 상태에서 하는 것은 모두 중용(中庸)과 정도(正道)를 잃게 된다. 그리하여 한번 뼈를 깎는 듯한 절실한 반성 참회 공부로 번뇌 망상을 모두 이기고 청정하게 다 없애 버리지 않으면, 앞으로 나아갈수록 더욱 타락하여 밑바닥을 모르게 된다. 단지 성인 마음만 갖추었을 뿐(행동으로 실천하지 않는다면), 영원히 어리석은 중생의 대열에 빠져들고 말 것이니, 어찌 슬프지 않겠는가?

그러나 성인이 되는 것은 어렵지 않으니, 스스로 그 명덕(明德)을 밝히는 데 있다. 그 명덕을 밝히고자 한다면, 모름지기 사물을 올바르게 하는 격물(格物)과, 분명히 살펴 아는 치지(致知)로부터 착수해야 한다. 가령 사람의 욕망이라는 물건은, 힘을 다해 바로잡거나 제거하지 않으면, 본래 자기 안에 갖춰져 있는 진실한 지혜도 결코 철저히 드러나기는 어렵다. 만약 진실한 지혜(진리)를 밝게 드러내려면, 일상의 말과 행동에서 항상 깨달음과 관조(觀照)를 일으켜야 한다. 그래서 도리에 어긋나는 감정적인 생각은 잠시라도 마음에서 싹트지 않게 하고, 항상 마음이 텅 비어 훤하게 밝도록 해야 한다.

마치 거울이 높은 누대(樓臺)에 걸려 명경대(明鏡臺)가 되면, 주위 경계를 있는 모습 그대로 비춰 드러내 주는 것과 같다. 다만 거울 앞에 서 있는 사물의 모습을 있는 그대로 비춰 줄 뿐, 그 경계(대상 사물)에 따라서 거울이 돌지는 않는다. 예쁘고 미운 것은 사물로부터 말미암으니, 나하고 무슨 상관이 있겠는가? 앞으로 다가올 것(미래)은 미리 계산하지 않고, 떠나간 것(과거)은 연연하지 않는 것이다. 만약 혹시라도 이치에 어긋나는 감정과 욕망이 조금이라도 싹트고 움직인다면, 마땅히 즉각 엄하게 공격하고 다스려서 송두리째 도려내야 한다.

마치 적군과 대치하여 싸움에, 적이 내 영토의 경계를 침범하지 못하게 할 뿐만 아니라, 나아가 적장의 목을 베고 그 깃발을 빼앗아 나머지 잔당들도 섬멸해 버리는 것과 같다. 무릇 군대를 통제하는 방법은, 모름지기 엄하게 스스로 다스려야 한다. 태만하거나 소홀하지 말며, 자기를 극복하고 예법에 복귀하며(克己復禮), 공경을 다하고 정성을 보존해야 한다.

그때 사용할 군기(軍器)와 병력(방편 법문)은, 모름지기 안회(顏回)의 사물(四勿)[21]과, 증자(曾子)의 삼성(三省)[22]과, 거백옥(蘧伯玉)이 허물이 아주 적었음에도 불구하고 그 잘못을 알아차려 회개한 방법 등이 필요하다. 거기다가 전전긍긍(戰戰兢兢)하면서, 깊은 연못에 임하는 듯(如臨深淵), 살얼음을 밟는 듯(如履薄氷), 근신하는 마음을 더해야 할 것이다.

---

21) 안회의 사물(四勿): 인을 행하는 극기복례의 구체 방법으로, 공자가 안회에게 예의가 아니면 보지도 말고, 듣지도 말며, 말하지도 말고, 움직이지도 말라고 가르친 네 가지 금지 사항.

22) 증자(曾子)의 삼성(三省): 증자가 '남을 위해 충실하지 않았는지, 벗과 교유함에 미덥지 않았는지, 스승께서 전수하신 것을 제대로 익히지 않았는지' 세 가지로 매일 자신을 반성했다는 수행 방법.

도리에 어긋나는 감정과 욕망을 이토록 삼엄하게 상대하면, 군대의 위엄이 멀리 떨치게 된다. 그러면 도적의 무리가 간담이 서늘해져, 멸종에 이르는 극한 참패를 당할까 두려워하고, 따뜻이 어루만져 주는 큰 은택만 바라게 될 것이다. 그로 말미암아 이런 작당들이 서로 함께 투항하여 지극한 교화에 귀순하면, 옛날 마음을 완전히 혁파해 버리고, 반성참회로 새로운 덕을 닦게 된다. 마침내 장수가 문 밖에 나가지도 않고 병기(총칼)에 피를 칠하지도 않으면서, 도적이나 원수를 모두 어린애처럼 감싸 안아 양민으로 감화시키게 된다. 그러면 위에서 행동으로 보인 모범을 아래 사람들이 본받고, 모든 선비들이 다 청정하고 평안해져, 창칼을 움직이지 않고도 앉아서 태평세계를 이룰 수 있다.

이렇게 한다면, 격물(格物)로부터 치지(致知)에 이르고, 치지로부터 명덕(明德)을 밝힐 수 있게 된다. 나아가 정성과 광명이 일치하게 되면, 범부가 곧 성인이 될 것이다. 그리고 더러 타고난 근기와 재질이 낮고 모자라 이를 실행할 수 없는 사람이라면, 마땅히 조열도(趙閱道)를 본받아야 할 것이다. 조열도는 낮 동안에 행한 것을, 밤에 반드시 향을 사르고 하느님(上帝)께 고했다. 다시 말해, 하느님께 고할 수 없는 것은 감히 행하지를 않았다는 것이다.

또 명(明)나라 때 원료범(袁了凡)은, 어떠한 악도 짓지 않고 모든 선을 받들어 행하여(諸惡莫作, 衆善奉行), 운명을 자아로부터 세우고 복을 자기로부터 구함(命自我立, 福自我求)을 몸소 실증했다. 그래서 조물주가 혼자 권능을 독단(전횡)하지 못하도록 했다. 공과격(功過格)을 받아 지닌(受持) 뒤로는, 무릇 마음을 일으키고 생각을 움직이며 말하고 행동하는 데 이르기까지, 선과 악을 섬세한 것이라도 모두 다 기록하였다. 그래서 착함이 날로 증가하고, 악함이 날로 감소하길 기약한 것이다.

처음에는 선과 악이 서로 반반 뒤섞였으나, 오래 지속하면서 오직 선만 있고 악은 완전히 없어졌다. 복이 없는 운명도 복이 있게 전환하고, 요절할 수명을 장수하게 바꾸며, 자손이 없는 팔자도 자손이 많은 팔자로 뜯어고칠 수 있게 되었다. 또 현생에 당장 우수한 성현의 경지에 들어가고, 나중에 죽어서는 높이 극락의 고향에 올라갔다. 그래서 그 행동은 세상의 법칙이 되고, 그 말은 후세의 정법이 되었다. 그 사람이 장부일진대, 나도 또한 그러할지니, 어찌 스스로 자신을 얕보고 자포자기하여 뒤로 물러날 수가 있겠는가?

더러는 이렇게 물을지도 모른다.

"격물(格物)이란 천하 사물의 이치를 모두 다 궁구하고, 치지(致知)란 나의 지식을 끝까지 추론하는 것일진대, 반드시 하나하나 밝히 알아서 완전히 통달하는 것이다. 그런데 어떻게 하여 사람의 욕망을 격물의 대상으로 삼고, 진실한 지혜(眞知)를 치지의 대상으로 삼을 수 있단 말인가? 인간의 욕망을 다스려 극복하고, 진실한 지혜를 밖으로 드러나게 하는 것이,

격물치지(格物致知)라고 할 수 있단 말인가?"

나는 그에 대해 이렇게 답변하겠다.

"정성(誠)과 명덕(明德)은 모두 마음의 본체로부터 말하는 것이다. 이름은 비록 두 개지만, 실체는 본디 하나다. 치지(致知)와 성의(誠意)·정심(正心)의 지(知)·의(意)·심(心) 이 세 가지는, 마음(心)의 본체와 작용으로부터 함께 아울러서 말한 것인데, 실지로는 세 가지가 하나다. 격(물)·치(지)·성(의)·정(심)·명(덕)에서 쳐서 다스리고(格) 이르게 하고(致) 정성스럽게 하고(誠) 바르게 하고(正) 밝게 하는(明) 다섯 가지는, 모두 사악한 것을 막아 정성을 보존하고, 망령을 돌이켜서 진리에 되돌아가는 것을 말한다. 점검하고 성찰하며 전진하는 공부에서는 명(덕)이 총강령이 되고, 격(물)·치(지)·성(의)·정(심)은 개별구체의 세목일 따름이다. 수신(修身)·정심(正心)·성의(誠意)·치지(致知)는 모두 다 명덕을 밝히는 방편이고 까닭(所以)이다."

"가령 자기 마음에 본래 존재하는 진실한 지혜가 무명(無明)의 물욕(物欲)에 뒤덮여 가려진다면, 뜻이 정성스럽지 못하고 마음이 바르지 못하게 된다. 이때 만약 물욕을 쳐서 없앤다면, 바로 '지혜의 바람이 업장의 구름을 깨끗이 쓸어 없애 버리고, 마음의 달이 홀로 둥그렇게 하늘 가운데 낭랑하다(慧風掃蕩障雲盡, 心月孤圓朗中天).'는 시의 경지가 될 것이다. 이처럼 성인은 사람들에게 광범한 것으로부터 절실한 것에 이르고, 소원한 데서부터 친밀한 데에 이르는 단계적인 순서를 보여

주셨다."

"만약 천하 사물의 이치를 모두 궁구해서, 내 마음이 이러한 것들을 다 지식으로 명료하게 안 다음에야 비로소 '성의'라고 할 수 있다면, 오직 많은 책을 두루 읽어 박학다식한 사람(걸어 다니는 사전)만 '성의'에 해당할 것이다. 또 만약 천하를 두루 유람한 사람이라야, 뜻을 정성스럽게 하고 마음을 바르게 하여 명덕을 밝힐 수 있다면, 세상을 두루 다니며 견문을 얻을 수 없는 사람들은 어찌 되겠는가? 설령 순수하고 돈후한 천상(天上)의 자질과 인품을 타고났다고 할지라도, 그 대열에 전혀 낄 수 없게 될 것이다. 하물며 타고난 성품이 순후(淳厚)하지도 못한 보통 중생들이야 말할 것이 있겠는가! 이러한 이치가 도대체 어디에 있단 말인가?"

그런데 이치를 깊이 궁구하지 않은 선비들이나 무식한 사람들은 도리와 천성(天性)을 들으면, 대부분 이를 성인의 경지로 높이 밀어 올리고, 자신은 평범하고 우매하다고 자처하기 일쑤다. 그러면서 스스로 분발하거나 노력하려고 하지 않고, 인습(因襲)에 끌려 마지못해 따라가는 정도이다. 그렇지만 만약 이들에게 과거·현재·미래 삼세(三世)의 인과법칙을 알려주면 어떻겠는가? 사람이 선하거나 악하거나 간에, 자기 마음과 언행에 따라서, 콩 심은 데 콩 나고 팥 심은 데 팥 나듯이, 그 보답을 받는다는 사실을 분명히 안다고 하자! 그러면 누구라도 악의 과실이 두려워 악의 인연을 끊고, 선한 인연을 닦아 선한 과보를 바랄 것이다.

무릇 선악이란 크게 몸의 행동(身), 입에서 나오는 말(口), 마음속의 생각(意) 이 세 가지를 벗어나지 않는다. 이미 이러한 인과를 알았다면, 스스로 몸과 입을 잘 보호하고 방어하며, 마음을 닦고 생각을 씻어낼 수 있다. 비록 캄캄한 방안이나 깊숙한 구석에 혼자 있다고 할지라도, 항상 천상 하느님(帝天)을 대면하듯이 공경하며, 감히 사악하고 비열한 마음이 싹터 죄와 허물을 저지르는 일은 없게 될 것이다.

이것이 바로 크게 깨달은 세존(世尊)께서 상·중·하 근기의 모든 중생에게, 두루 진리를 궁구하고 뜻을 정성스럽게 하며, 마음을 바르게 하고 몸을 닦도록 가르치신 대도(大道)요, 정법(正法)이다. 그러나 미치광이들은 그 구속(부담)을 두려워하여, 인과응보를 가상(假相)의 집착이라고 생각한다. 또 어리석은 자는 자기의 추하고 부끄러운 모습을 방어하려고, 인과응보가 아득하거나 허망하다고 말한다. 이러한 두 부류의 사람을 제외하면, 누가 자연의 인과응보 법칙을 믿고 받아들이지 않겠는가?

그래서 몽동 선사(夢東禪師)[23]는 일찍이 이렇게 설법하셨

---

23) 몽동(夢東): 청(淸)나라 건륭(乾隆: 1736~1795 재위)·가경(嘉慶: 1795~1820 재위) 연간에 법문(法門) 제일의 스님. 본래 선가(禪家)의 거장이었는데, 세상을 구제하려는 광대한 서원(誓願)으로, 염불정토종(念佛淨土宗)을 힘써 전파함. 만년에 북경 부근 자복사(資福寺)에 은거하면서 염불(念佛) 기풍을 크게 진작시켜, 최근까지 황하 이북 제일의 염불 도량이라는

다.

"마음과 성품을 즐겨 말하는 자는, 결코 인과를 버리거나 벗어나지는 않는다. 또 거꾸로 인과법칙을 깊이 믿고 행하는 사람은, 끝내는 인간의 본래 선한 심성을 크게 밝힐 것이다."

이는 이치로 보나 대세로 보나, 반드시 그러할 수밖에 없다. 무릇 범부의 지위로부터 성인이나 부처의 공과(功果)를 원만히 증득(證得)하기에 이르기까지, 모두 인과응보의 법칙에서 조금도 벗어나지 않음을 꼭 알아야 한다. 이러한 인과를 믿지 않는 자는, 스스로 그 선한 원인과 선한 결과를 포기함으로써, 항상 악한 원인만 짓고 악의 과보를 받을 것이다. 그러면서 티끌처럼 수많은 무량겁(無量劫)이 다 지나도록 삼악도(三惡道: 지옥·축생·아귀)만을 계속 윤회할 뿐, 그 윤회의 수레바퀴에서 벗어날 길이 없게 된다.

슬프도다! 성현들의 천만 마디 말씀이 모두, 사람들에게 자기 마음을 반성하고 잡념망상을 극복하도록 가르치지 않음이 없다. 성현은 우리 마음에 본디 갖춰져 있는 명덕(明德)이 악의 구렁텅이에 빠져서 매몰하지 않고, 우리가 친히 그것을 받아서 쓸 수 있도록 인도할 따름이다. 다만, 사람들이 인과응보의 원리를 모르는 까닭에, 늘 제멋대로 뜻과 감정을 방

법맥(法脈)을 유지함. 『철오선사어록(徹悟禪師語錄)』이 전해지는데, 이 법문은 필자가 한글로 옮겨 월간 불광에 연재했으며, 불광출판사에서 발행한 『의심 끊고 염불하세』에 실려 있다.

종하는 것이다. 그러니 설령 평생토록 글을 읽는다고 할지라도, 단지 자구와 문장만 배울 뿐이다. 이들은 성현의 위대함을 희망하고 본받을 목표가 없는 것이며, 그로 말미암아 눈앞에서 일생을 허송세월하고 말 것이다. 어찌 안타깝지 않겠는가?

원료범 선생이 자식을 훈계하기 위해서 지은 네 편의 『료범사훈(了凡四訓)』은 문장과 사리(事理)가 모두 유창하여, 우리 마음의 눈(心目)을 확 틔워 준다. 그래서 이 글을 읽다 보면, 저절로 기뻐서 흥이 나고, 마음에 법열(法悅)이 솟아오르게 된다. 그리하여 아주 빨리 이것을 법(法)으로 삼으려는 소망이 절로 생기나니, 이는 진실로 세상을 선하게 맑혀 주는 훌륭한 모범이다.

영가(永嘉: 浙江省의 溫州) 지방에 있는 주군쟁(周群錚) 거사(居士)가 이 글에 몹시 감동하고 찬탄한 나머지, 상해(上海) 상무인서관(商務印書館)에서 납판(鉛版)을 주조해서, 뜻이 같은 사람(同志)들에게 널리 읽혀지기를 발원하였다고 한다. 그러면서 인쇄한 다음, 나에게 법(진리)의 인연(法緣)을 맺어 달라고 몇 권 보내면서, 아울러 나더러 여기에 서문을 써달라고 청해 왔다. 이에 자기를 극복하고 예의에 복귀하며(克己復禮), 사악을 방지하고 정성을 보존하는(閑邪存誠) 성현들의 뜻을, 요점만 간추려 적어 보았다. 단지 부탁 받은 책임에 가름할 따름이다.

원료범사훈 중판 서문

리병남(李炳南)

주백려(朱柏廬)의 격언(格言: 治家格言으로, 흔히 朱子家訓으로 불림: 뒤의 특별 부록 참조)도 집안 자제(子弟)들을 훈계하기 위한 글이고, 원료범(袁了凡)의 사훈(四訓)도 또한 집안 자제들을 훈계하기 위한 글이다. 그런데 오직 주공(朱公)의 말만 널리 퍼지고, 원공(袁公)의 훈화는 별로 퍼지지 못해 왔다. 더러는 주공의 글은 간결하면서 알아듣기 쉽고, 원공의 글은 번잡하여 기억하기 어렵기 때문에, 그 전파의 정도와 기세가 크게 차이 난다고 말한다. 그러나 이는 단지 피상적인 논리일 따름이다.

유가에서는 "원료범의 사훈은 불교의 인과론을 지니고 있어, 우리 자제들이 배워야 할 게 아니다."라고 배척한다. 또 불가에서는 "원료범의 사훈은 단지 불완전한 세속의 유위(有爲)의 유루법(有漏法: 煩惱가 있는 법)으로서, 출가 수행하는 우리 석가 제자들에게 절실한 것이 아니다."라고 외면한다. 그런데 주백려의 가훈에 대해서는 정반대 입장을 보인다. 불가에서는 "세속의 법이야 당연히 그러한 것이지."라고 인정한다. 또 유가에서는 "집안의 통솔은 진실로 이를 법도로 삼아야 한다."고 환영한다.

이것이 바로, 두 가훈이 세간에 퍼지는 정도와 범위에서 현격한 차이를 보이도록 결정지은 가장 큰 진짜 이유다. 분명히 현실상 하나는 사람들에게 환영받고, 다른 하나는 사람들에게 외면당한다. 그렇다고 해서 환영받는 것은 그 문장이 통달하고, 외면당하는 것은 그 문장이 절름거릴(난삽할)까? 아니다. 그렇지 않다. 이는 문장의 절름거림(난삽함)이나 통달의 문제가 아니다. 문장에 통달한다고 해서 무슨 유익함이 있으며, 문장에 절름거린다고 해서 무슨 손실이 있겠는가? 이는 바로 인심(人心)의 정직과 사악, 수양과 혼란이 갈라지는 분기점이다. 그래서 성현의 말씀은 문장만 가지고 평가해서, 감히 업신여기거나 모욕하면서 스스로 방자하게 굴어서는 안 된다.

주역에 이르기를, "선행을 쌓으면 경사가 넘치며, 불선(不善: 죄악)을 쌓으면 재앙이 넘친다."고 한다. 또 상서(尙書: 서경)에는 이르기를, "은혜는 길함을 인도하고, 거역을 따르면 흉하다."고 말한다. 이러한 말씀만 보아도, 유가에서 일찍이 인과법칙을 배척한 적이 없음을 알 수 있다. 또한 불교도 초발심(初發心)의 인연 기미(因緣機微)와 삼귀의(三歸依: 佛·法·僧 三寶에 귀향 의지함)·육념(六念: 佛·法·僧·戒律·布施·天上에 대한 思念)부터 출발하여, 점차 오계(五戒: 殺生·竊盜·邪淫·妄語·飮酒를 금지함)에 이르고,

나아가 사섭(四攝)$^{24)}$을 동시에 병행하며, 마침내 육도(六度)$^{25)}$로써 만 가지 수행을 성취한다고 가르친다. 이러한 단계적인 수행이론은 불교도 일찍이 인간의 적극적이고 의지적인 유위법(有爲法)을 행하지 않음이 없음을 보여준다.

무릇 사방으로 동량(棟梁)이 뻗은 고래 등 같은 누각을 짓는 일도, 한 치의 터다짐부터 시작한다. 또 수십 필(疋)의 비단 베를 짜는 일도, 한 올 실을 잣는 데서 비롯한다. 마찬가지로 인과응보의 법칙(에 대한 믿음)과 유위의 수행 노력이야말로, 도(道)와 덕(德)에 진입하는 필수 관문이다. 한 치의 터다짐과 한 올 실 잣는 일을 천박하게 여기는 자가, 어떻게 고래 등 같은 누각과 수십 필의 비단 베를 바랄 수 있겠는가? 또한 인과응보의 법칙과 유위의 수행 노력을 비방하는 자가, 어떻게 위대한 유학자(鴻儒)와 진실한 고승대덕(高僧大德)의 경지에 나아갈 수 있겠는가?

(공자·석가·노자·예수와 같은 성인도 모두 漸修를 거쳐 頓悟에 이르렀다. 돈

---

24) 사섭(四攝): 재물이나 법을 베푸는 보시(布施), 중생의 근기에 따라 부드럽고 선량한 말로 위로하는 애어(愛語), 몸·입·뜻(身·口·意)의 선행으로 중생을 이롭게 하는 이행(利行), 법안(法眼)으로 중생의 근기를 살펴 그가 좋아하는 바에 따라 현신설법(現身說法)으로 이익과 즐거움을 함께 향유하도록 하는 동사(同事)의 네 가지로서, 중생으로 하여금 행위자(說法者)에게 친근감을 느끼고 자연스럽게 도를 받아들여 실행하도록 포섭하는 방법.

25) 육도(六度): 보시·지계·인욕·정진·선정(禪定)·지혜(智慧)의 육바라밀로서, 번뇌 고통의 차안(此岸)에서 열반 해탈의 피안(彼岸)에 건너가도록 해 주는 뗏목과 같은 수행의 방편 법문.

오와 점수는 양립할 수 없는 모순이 아니라, 오히려 성도(成道)의 양면이다. 그런데 세간에서는 돈오돈수(頓悟頓修) 이론을 잘못 곡해하여, 중생의 교만심을 자극하고 수행의 커다란 마장(魔障)으로 작용하고 있는 듯하다. 또 깨달은 뒤에도 수행은 계속해야 하고, 어떤 의미에서는 깨달은 뒤의 수행이 진실한 수행이다. 뭇 성현과 선지식이 실제 증명하고 주장한 선오후수(先悟後修)를 주목할 필요가 있다. 옮긴이 주)

과대망언(誇大妄言)은 실질이 없고, 방자무엄(放恣無嚴)은 품덕(品德)이 적다. 이런 언행이 사람의 귀에 들어가면 마음이 혼란해지고 행실이 방종해지며, 세간에 풍미하면 상서로움이 자취를 감추고 요괴스런 재앙만 흥성한다. 그 결과 국가의 장래와 세상의 운세가 장차 생각할 수조차 없는 끔찍한 지경에 이르게 된다. 또한 사람들이 환영하는 것들을 살펴보면, 대개 등잔 밑에서 주고받는 한가한 잡담에 불과하다. 이러한 것에 비하면, 세속에서 외면당하는 글이 도리어 보는 사람에게 경각심을 불러일으키는 데 오히려 훨씬 낫다.

복이란 오직 스스로 불러들이는 것임을 알고, 숙명론에 얽매이지 않아야 한다. 그러면 하늘이 정한 운수도 되돌릴 수 있으며, 또한 화(禍)도 소멸시킬 수 있다. 인과율의 법망에 갇히지 않으면, 재이(災異 : 재난이변)가 무르익은 것도 전환시킬 수 있다. 마음으로 짓고 마음으로 전환시키며, 방울을 매달기도 하고 방울을 풀기도 하나니, 숙명론과 인과율은 그 조종이 오직 자아에 달려 있다. 완고하고 겁이 많거나, 비루하고 천박한 자질의 사람은, 이 도를 들으면 스스로 헤어 나올 계단을 얻는다. 그래서 청렴하고 관대하며 돈후하고 자립하는 그릇으로 변할 수 있다. 또한 출신과 환경이 불우하고 곤궁한 자도 이 도를 행하면, 회개와 혁신으로 태평을 획득할 수 있다. 원료범의 문장은 이처럼 그 효용이 위대하니, 또한 어찌 이를 배척해 버릴 수 있겠는가?

그리고 고금을 통하여 역경을 헤치고 용기를 발분한 선비들 중에는, 공과격(功過格: 선행 공덕과 과실 죄악을 매일 스스로 기록하는 표)을 기록하며 힘써 수행한 자가 실로 매우 많다. 그들은 모두 천성(天性)과 품덕(品德)을 밝혀, 세간 풍속을 돈후하게 복귀시키는 데 크게 이바지하였다. 그러니 가까이로 주위 사람들을 맑게 하고, 멀리는 세상을 선하게 하는 묵언의 교화와 은연중의 감화능력으로 말하면, 주자가훈의 말은 료범의 문장과 비교할 수 있는 대상이 못 되는 것 같다. 도(道)를 실천하지 못한다면, 비록 문장이 아무리 널리 퍼진들, 무슨 소용이 있겠는가? 또 반대로 도(道)를 실천할 수 있다면, 비록 퍼지는 범위가 협소한들, 무슨 상관이 있으리오?

오호라! "사람이 도(道)를 널리 확대 전파할 수 있는 것이지, 도가 사람을 크게 키워 주는 것은 아니다(人能弘道, 非道弘人)." 공자의 이 말씀은 정말 진실하도다! 문장이 절름거리고 난삽하거나, 통달하고 유창한 게 중요한 문제가 아니다. 오직 인간의 세속 마음이 위태롭고, 도심(道心)이 미약할 따름이다.

정미(丁未: 1967)년 여름휴가 때, 제6기 자광강좌(慈光講座: 부처님의 자비광명을 전파한다는 공익의 취지에서 사회 대중을 상대로 연 공개강좌)를 개설하였다. 그때 동참한 적모위(翟慕威)라는 거사가 천지와 인간에 대한 자비 연민의 흉금을 품고, 원료범의 문장을 인쇄 발행하여, 모든 사람이 요순 성현이 되기를 바라는 큰 서원을 발하였다. 그 마음이 바로 보리심(菩提心·道心·覺心)으로, 문화 부흥을 보필하고 세상의 인륜 도덕을 타락에서 구제하는 데 크게 기여하여, 인류와 세상 모두에게 막대한 선익(善益)을 끼칠 것이다. 바로 그가 나에게 와서 서문을 부탁한 것이다.

그러나 내가 살펴보니, 이미 고인(古人)의 옛 서문도 있고, 또 나의 스승이신 인광 조사(印光祖師)의 서문도 한 편 있었다. 『료범사훈』의 취지(정신)와 본체 작용에 대해서는, 이 두 편의 서문이 이미 상세히 논설하고 있다. 그래서 처음부터 끝까지 되풀이해 읽어보아도, 내가 다른 말을 덧붙이기가 매우 어려웠다.

이에 나는 인정(人情)이 기이하게 변천하여, 은밀하고 괴이한 것만 무성하게 말하는 세태를 특별히 들추어내고 싶었다. 원료범의 문장을 보는 사람들이 세상의 유행이나 업신여김에 구애받지 말고, 그칠 만한 곳(止於至善)을 스스로 알도록 하기 위하여, 굳이 내가 이 서문을 쓰는 것이다. 그 말이 속이는 게 없음을 믿고, 그 행실이 법 삼을 만함을 살피자. 그래서 지금 우리에게 나타난 결과(果: 업보)를 거울삼아, 과거에 씨 뿌린 원인(因)을 돌이켜 반성해 보자. 나아가 스스로 경각심을 일깨워 도(道)를 실천하며, 섬세한 낌새(機微)를 식별하자. 그렇게 한다면, 아마도 자립 안정의 경지에 가까워질 것이다.

　더욱이 적(翟) 선생의 마음씀을 헤아려, 중생과 더불어 희비와 고락을 함께 하며, 이 글을 서로 돌려가며 계속 권장해 나간다면, 이는 선인(善人) 중에 더욱 선량한 독자가 될 것이다. 만약 단지 자기 일신(一身)의 수양과 제 가족의 훈계에만 만족하고 만다면, 이는 책을 인쇄·기증하는 시주(施主)의 발원에 부응(副應)하지 못하게 된다. 뿐만 아니라, 이 서문을 쓰는 나의 뜻에도 미치지 못하고, 또한 더욱이 원료범 선생의 문장이 본래 지닌 정신도 제대로 이해하지 못하는 것이다. 이러한 편협한 자는 소승(小乘)의 경지에 안주하는 자료한(自了漢: 자기 일(도업)만 끝마치고 마는 사나이)이라고 일컬어 마땅할 것이다.

료범사훈 백화본 서문

내 기억에, 나는 나이 15~6세 되던 무렵, 몸이 몹시 허약하여 질병이 많았다. 그때 선친(先親: 작고하신 자기의 부친. 先公·先父·先考·先君 등으로도 호칭함)께서 나에게 『료범사훈』을 한번 보라고 권하셨는데, 내가 읽어보고 아주 대오각성(大悟覺醒)했던 경험이 아직도 생생하다. 비록 책 안에 인용한 불법(佛法) 종류의 내용은 쉽게 이해할 수 없었지만, 거기에 크게 개의치 않고 죽 통독(通讀)하였다. 그때 나는 전체로 보아 이 책이 말할 수 없이 너무나 좋은 책이라고 느꼈다.

그래서 『료범사훈』의 공과격(功過格)을 조그만 책자(수첩)로 만들어, 매일 그날의 말 한 마디나 행동 한 가지를 모두 그대로 기록해 나갔다. 매일 밤 결산을 하고 매달 말일에 종합한 뒤, 연말에는 다시 총결산을 하였다. 2~3년을 꾸준히 실행한 결과, 확실히 과오는 날로 줄어들고, 공덕은 날로 늘어갔다. 전에는 심기(心氣)가 붕 떠서 경박하고 조급하던 기질도 대폭 개선하였다. 지금 생각하면, 이번 일생(今生) 동안 인간으로서 처신(處身)과 행세(行世)가 방자무도하게 흐르지 않은 것은, 완전히 이 책에 기초하고 의지한 덕분이다. 그래서 이 책은 나의 뇌리에 십이분(120%) 인상 깊게 박혀 있다.

작년 가을 황함지(黃涵之: 智海) 거사가 나의 거소에 찾아 와, 옷소매 속에서 『료범사훈』 백화(白話: 口語) 해설 원고를 꺼내 나에게 보이며, 출판하기 전에 한번 수정·보충해 달라고 요청하였다. 나는 황군(黃君)이 수고로움과 번잡함을 마다하지 않고, 인내와 끈기로 세상 사람들에게 선을 행하도록 권장하려는 인자한 마음에 몹시 경탄하였다. 더구나 골짜기 같이 텅 빈 겸손한 마음으로, 나같이 눈먼 봉사에게 반드시 도(道)를 자문(諮問)하겠다고 요청하는 것이었다. 그러니 내가 어떻게 감히 사양하고 거절할 수 있겠는가?

그러나 나는 학교에서 담당하는 수업 부담이 아주 무거웠고, 이미 노쇠하여 정신과 기력도 넉넉하지 못하기 때문에, 조금만 마음을 더 써도 이내 수면을 제대로 이루지 못하는 경우가 허다하였다. 그래서 황군에게 솔직히 말하였다.

"겨울방학 때까지 기다려 다오. 그때 여유가 좀 생기면, 반드시 이 원고를 세심히 수정·보충하겠네."

황군은 나의 이러한 사정을 아주 잘 양해하여, 곧바로 나의 제안을 수락하고 돌아갔다.

내가 이 『료범사훈』의 백화 주석서를 수정·보충하려고 생각한 것은, 세상 사람들이 모두 함께 선행으로 귀향(歸向)하도록 권장하고 교화하기 위함이지, 결코 황군과 맺은 사적(私的)인 인간관계 때문은 아니었다. 하물며, 이 책은 내가 청소년 시절에 정신적 도움을 가장 많이 받았던 보배가 아닌가? 그러므로 마땅히 이 작업을 완성하여, 료범 선생의 은덕에 보답하여야 할 일이었다.

겨울방학이 시작하자, 나는 곧장 각종 현안 문제들을 모두 말끔히 처리한 뒤, 전심전의(專心專意)로 20일 남짓 몸과 마음(心身)의 힘을 다하여, 이 원고를 조금도 사양하거나 체면보는 일 없이 최대한 수정·보충하였다. 결국 그 수정·보충 작업이 이제 원만히 이루어졌다. 나 자신의 약속을 식언(食言)하지 않고 지키게 된 것이, 무엇보다도 마음속 깊이 후련하고 유쾌하기 그지없다.

물론 이 책의 원고가 나의 수정·보충 작업을 거친 뒤, 조금도 착오나 실수가 없을 것이라고 감히 단언할 수는 없다. 다만 내가 진심진력(盡心盡力)하여 조금도 소홀함이 없도록 최선을 다한 것만은 확신한다. 황군이 지금 이 책을 인쇄하려고 준비하는 마당에, 다시 나에게 서문 한 편을 써달라고 요청하므로, 나는 부득이 이번 수정·보충 작업의 인연 시말(始末)을 몇 구절 적어, 부탁 받은 책임에 가름한다.

세차(歲次) 계미(癸未: 1943 ?)년 인시재(因是齋)에서
71세 노인 장유교(蔣維喬) 적음.

인쇄 증정(法布施)에 대한 설명

선서(善書: 慈善을 권장하는 책)를 인쇄 증정(法布施)하는 것은, 대중들이 미혹의 갈림길에서 완전히 벗어나, 모두 깨달음의 정도(正道)로 복귀하도록 인도하기 위해서다. 또 풍속을 순박하고 선량하게 감화시키고, 사회의 평화로운 안녕 질서를 증진하기 위한 목적도 함께 있다. 그런데 사람들이 죄악을 버리고 선량으로 향하도록 인도하는 감화 역량이, 『료범사훈』만큼 큰 책도 실로 그리 많지 않다.

이 책의 요지는 '입명(立命)'에 있다. "운명이란 자아가 창조하고, 복록이란 자기가 추구한다(命由我作, 福自己求)."는 진리를 선양하여, 사람 사람마다 모두 분발하여 선을 행함으로써 일생의 운명을 개조하고, 재앙과 험난을 복록과 평안으로 전환시킬 수 있도록 깨우쳐준다.

'운명이 확고히 결정지어져 조금도 인간의 자유 의지가 없다'든지, '생사와 영욕(榮辱)이 모두 정해진 운수를 피할 수 없다'는 숙명론의 사고를 견지한다면, 어떻게 될까? 아마도 틀림없이 종신토록 천명과 운수에 얽매여, 시종 하늘의 뜻만 따른다는 평계를 댈 것이다. 그리고 자신의 주체적인 의지력에 의해 운명을 개선하거나 변화시키려고 시도조차 할 줄 모를 것이다. 이러한 자는 바로 운곡 선사가 말한 것처럼, 한낱 세속 '범부(凡夫)'에 지나지 않는다.

『료범사훈』책은 일찍부터 사람들의 주목을 받아, 과거에 이미 상해(上海)의 굉대(宏大)·불학(佛學)·도덕(道德)·명선(明善) 등 서점에서 각자 발행하여 널리 보급한 적이 있다. 또 열성 있는 인사들이 끊임없이 복인(複印)하여 증정함으로써, 전국의 각 시와 현(縣)에까지 두루 퍼져 있는 정도다. '양선(揚善)' 잡지사 창업 초기에, 신죽(新竹: 臺灣의 한 市)에 사는 주(朱)씨라는 한 독자가 『료범사훈 백화해설』본을 인쇄하여, 본 '양선' 잡지를 간행 배포할 적에 함께 곁들여 증정 보급하기를 원하였다. 이에 편집자가 시간을 내어 자세히 읽어보았다. 그런데 이 책의 내용이 매우 위대하여, 실로 귀머거리의 귀와 봉사의 눈도 번쩍 뜨이게 할 만큼 교화공덕이 충분하다고 판단하였다. 그래서 단지 기꺼이 대신 증정 보급하는 데서 그치지 않고, 우리도 스스로 자금을 갹출하여 인쇄 증정을 일삼게 되었다.

그 뒤 이 책을 증정 받은 수많은 독자들이, 또다시 마음을 내어 인쇄 증정을 계속 이어 가서, 갈수록 더욱 널리 보급하게 되었다. 작년 가을에는 사법원(司法院: 우리나라 司法府)의 림양항(林洋港) 원장(院長: 대법원장)이 『료범사훈』에 대해 강연하였다.

당시 중앙일보(中央日報)에서 그 강연문 전부를 게재하였는데, 이를 계기로 또 한 번 적지 않은 사람들이 이 책을 읽고 보시하는 열기에 휩싸였다.

현재 대만(臺灣)에서 법보시하거나 시판하는 『료범사훈』은 대략 10여 종 판본이 있다. 중국 대륙으로부터 전래한 것으로는 계미(癸未: 1943?)년 황지해(黃智海) 거사가 주해(註解)한 판본과, 민국 초기 절강(浙江) 영가(永嘉)의 주군쟁(周群錚) 거사가 부록을 정리 편집하고 원문에 간략한 주를 달아 인쇄 유통시킨 판본과, 민국 32(1943)년 북경 하인화(夏仁華) 거사가 민국 11(1922)년 상해 불학추행사(佛學推行社)본의 원주(原註)에 약간 손질하여 유통시킨 판본이 있다.

그밖에는 모두 선량하고 인자한 인사들이 근래에 새로이 번역한 것이다. 더러는 원문을 곁들이지 않은 순 백화 해설본이고, 더러는 백화문에 주음부호(注音附號: 중국어 발음기호)를 덧붙이거나, 또는 원문을 보류한 채 간단한 백화 번역을 함께 수록하거나, 아니면 원문에 주음부호를 달고 황지해 거사의 원 주해를 농축시켜 만든 요약본 등이 있다. 또 하나 비교적 독특한 「음성 료범사훈」은 고승 정공 법사(淨空法師)가 강의 해설한 녹음테이프다. 이밖에도 다른 선서(善書)에 함께 수록한 것으로는, '태상감응편(太上感應篇)'과 '성심집(省心集)', '음질문(陰騭文)', '안사전서(安士全書)' 등이 있다.

본사에서 맨 처음 인쇄 증정(法布施)하기 시작한 『료범사훈 백화 해설』은, 원판에 '넙운대 경심재 수필(聶雲臺耕心齋隨筆)'과 '유정의 선생이 조왕신을 만난 실화 기록(兪淨意公遇竈神記)'을 부록에 싣고 있었다. 그러나 '원료범거사전(袁了凡居士傳)'과 '운곡선사전(雲谷禪師傳)'은 없었다. 그 뒤 다른 서적에서 두 전기를 찾아 수록하고, 다시 진계승(陳癸丞) 거사가 『경신록(敬信錄)』으로부터 '료범공과격(了凡功過格)'을 뽑아 제공하기에 이를 덧붙였다.

이 세 가지는 료범사훈과 모두 긴밀한 관계가 있기 때문에, 책 뒤에 함께 수록한다. 이는 독자들이 더욱 온전한 면모를 엿볼 수 있게 하고, 아울러 료범사훈이 긴 세월 동안 전해 내려옴에도 불구하고, 누락하거나 고증이 사라지지 않은 사실을 알리기 위해서다.

앞으로 이 책을 인쇄 증정하고자 하는 선량하고 인자한 인사들도, 출판 시에 『료범사훈』의 원문을 보존함은 물론, 상술한 두 분(료범과 운곡 선사)의 전기 및 '료범공과격'을 꼭 함께 수록하여, 선서(善書)의 원본을 완전하게 유지시켜 주길 간절히 바란다. 혹시라도 이들을 임의로 생략하면서, "물고기를 얻으면 통발을 잊고, 뜻을 얻으면 말을 잊는다(得魚忘筌, 得意忘言)."는 명분을 내세우는, 유감스러운 (애석한) 상황이 벌어지는 일은 결코 없도록 유념해 주길 신신 당부한다.

1994년 한가을(中秋) 타이뻬이 시(臺北市)
중경북로(重慶北路) 장외루(章外樓)에서
동산(桐山) 정강굉(鄭康宏) 적음.

운곡 대사 전기(雲谷大師傳)

함(감)산(憨山) 대사[26]

|

운곡 대사(雲谷大師)의 휘(諱: 법명)는 법회(法會)고, 운곡은 별호(別號)다. 절강성 가선현(嘉善縣)의 서산(胥山)에서, 명(明)나라 효종(孝宗) 홍치(弘治) 13년 경신(庚申: 1500)년, 회씨(懷氏)의 아들로 태어났다. 어려서부터 출가(出家)에 뜻을 두었는데, 고향 대운사(大雲寺)의 모 스님을 스승으로 모시고, 처음에는 요가(瑜伽)를 배웠다.

대사는 늘 "출가수행에는 생사(生死)의 중대사가 가장 절실한데, 어찌 구차하게 사소한 의식주를 생계로 삼는단 말인가?"라고 생각하며 스스로 경책했다. 그러다가 나이 19세가 되어 곧 참선 공부에다 결연히 뜻을 두고, 그 뒤 얼마 안 되어 교단(教壇)에 올라가 비구의 구족계(具足戒)를 받았다. 천태종

---

26) 함(감)산(憨山) 대사(1546~1623) : 명나라 4대 고승의 한 분. 휘(諱: 본명)는 덕청(德清), 자(字)는 징인(澄印). 憨山은 별호로, 본디 독음이 '함산'인데, 우리는 흔히 '감'산으로 잘못 읽음.

(天台宗)의 소지관법문(小止觀法門)을 듣고서, 이것을 닦고 익히는 데 오로지 정진하였다.

당시 법주제(法舟濟) 선사(禪師)가 경산(徑山)의 도맥(道脈)을 이어, 그 군(郡)에 있는 천녕사(天寧寺)에서 폐관수행(閉關修行)을 하고 계셨다. 운곡 선사가 천녕사에 참방(參訪)하여 고두(叩頭)의 예를 올리면서, 그때까지 닦은 바를 말씀드렸다. 이에 법주제 선사가 이렇게 말하였다.

"지관법(止觀法)의 요체(要諦)는, 몸과 마음의 기식(氣息)에 의하지 않으며, 안과 밖으로 초연히 해탈하는 것이다. 그런데 자네가 닦은 것은 말단 하승(下乘)으로 흘러버렸으니, 어찌 달마(達磨)가 서쪽에서 온 뜻이겠는가? 도를 배우는 것은 반드시 마음 깨닫는 것을 으뜸으로 삼는다."

이 말을 들은 운곡 선사는 그를 슬피 우러러보며, 가르침을 더 보태 달라고 청하였다. 그러자 법주제 선사는 염불(念佛)로써 화두(話頭)를 절실히 참구(參究)하라고 가르쳐주며, 또한 의심스런 생각일랑 몽땅 내려놓으라고 명하였다. 운곡 선사는 그 가르침에 귀의하여, 밤낮으로 참구하면서 침식(寢食)을 모두 잊었다.

하루는 공양을 받는데, 공양이 다 끝났는지도 알지 못하였다. 그러다가 그릇이 홀연히 땅에 떨어지면서 갑자기 깨달았는데, 마치 꿈에서 깨어난 듯 황홀하였다. 다시 가르침을 더 청하자, 법주제 선사가 마침내 인가(印可)를 내렸다. 이에 종경록(宗鏡錄)을 열람하고, 유심(唯心)의 종지(宗旨)를 크게 깨달았다.

이때부터 모든 경전의 가르침과 여러 조사(祖師)의 공안(公案: 화두)들에 이르기까지, 마치 집안에 놓여 있는 옛 물건들을 구석구석 눈으로 훤히 보듯이 명료해졌다. 이에 총림(叢林)에서 자취를 감추고, 육지에 가라앉아(은둔하여) 천한 일을 도맡았다.

하루는 『담진집(鐔津集)』[27]을 뒤적이다가, 명교 대사(明敎大師)가 불법(佛法)을 보호하는 깊은 신심(信心)으로 처음 관음대사(觀音大士: 관세음보살)에게 예배할 때, 밤낮으로 그 칭호를 10만 번이나 염송한 사실을 알았다. 이에 운곡 선사는 그 수행을 본받고자 발원하여, 드디어 관음보살상에 예배를 올리며 밤새도록 용맹 정진하였다. 그 뒤로도 예배와 경행(經行)은 종신토록 게을리 하지 않았다.

그런데 당시 강남 지방에는 불법(佛法)과 선도(禪道)가 끊어져서, 전혀 들리지도 않는 형편이었다. 운곡 선사가 처음 강소성(江蘇省)의 금릉(金陵)에 이르러, 천계사(天界寺) 비로각(毗盧閣)에 여장을 풀고 기숙하면서, 도를 펼치기 시작하였다. 그를 보는 사람마다 도(道)가 대단하다고 칭송했다. 위국선왕(魏

---

[27] 담진문집(鐔津文集): 송(宋)나라 등주(藤州: 지금의 廣西省 藤縣) 담진 출신인 석계숭(釋契嵩) 스님의 문집. 사고전서(四庫全書)본은 22권이고, 만력(萬曆) 경방각(經房刻)본은 19권이라고 함.

國先王)이 이를 듣고서, 서원(西園) 총계암(叢桂庵)에서 공양을 올리고자 청했다. 이에 운곡 선사가 거기에 머물면서 사흘 밤낮 동안 선정(禪定)에 들었다.

운곡 선사가 그곳에 거처한 지 얼마 되지 않았을 때, 마침 나(이 전기를 쓴 憨山 大師)의 선태사조(先太師祖: 즉 돌아가신 큰 스승님) 서림옹(西林翁)께서 승록(僧錄)을 담당하시면서 보은사(報恩寺) 주지를 겸하고 계셨는데, 운곡 선사를 만나러 가서 본사(本寺)의 삼장전(三藏殿)에 머무르시라고 청하였다. 그리하여 운곡 선사는 자리를 잡고 우뚝 앉아서, 외부인과 접촉을 완전히 끊었다. 그렇게 문지방을 넘어가지 않은 지가 3년이나 되어, 사람들이 통 알지 못하고 있었다. 그런데 우연히 권세 있고 고귀한 사람이 놀러왔다가, 선사가 단정히 앉아 있는 모습을 보고는, 무례하다고 욕하며 오만하게 굴었다. 이에 선사는 지팡이를 끌고 다시 섭산(攝山)의 서하(棲霞)로 들어갔다.

서하는 량(梁)나라 때 달마 대사(達磨大師)가 처음 와서 문을 연 곳이다. 량(양)무제(梁武帝)가 천불령(千佛嶺)을 뚫은 이래, 역대 왕조들이 계속 충분한 전지(田地)를 공양으로 하사하였다. 그런데 지금은 도량(道場)이 황폐해지고, 대웅전(大雄殿)과 법당(法堂)은 호랑이와 이리의 소굴이 되었다. 선사는 그곳이 그윽하고 깊숙함을 좋아하여, 마침내 천불령 아래의 띠(포아풀과의 여러해살이 풀)를 베어 오두막을 짓고, 자신의 그림자조차 산 밖에 드러내지 않으며 칩거했다.

그런데 이때 도적이 선사의 거처에 침범하여, 있는 것을 모조리 훔쳐가 버렸다. 도둑이 밤중에 달아나다가, 날이 밝을 무렵 암자에서 멀리 벗어나지 않았을 때, 사람들이 그 도둑을 잡아 선사에게 압송해 왔다. 그런데 선사는 그에게 음식을 먹여주고, 그 도둑이 훔쳐갔던 것을 모두 주어 돌려보냈다. 이 사건으로 말미암아 소식을 들은 자들은 모두 감복(感服)하였다.

태재(太宰)인 오대(五臺) 륙공(陸公)은 처음 사부(祀部: 祭禮를 관장하는 곳)의 주정(主政: 主事의 별칭)이 되어, 옛 도량들을 참방(參訪: 순례)하다가 우연히 서하까지 이르렀다. 그런데 선사의 기운과 집이 비범함을 보고서, 특별히 매우 존중하였다. 거기에서 이틀 밤을 묵고 나서, 산중에 그 절을 중흥하려고 마음먹고, 선사에게 주지가 되어달라고 청하였다. 그러나 선사는 한사코 사양하며, 대신 숭산(嵩山)에 있는 선공(善公)을 천거하여, 그 명에 응하도록 하였다.

선공은 있는 힘을 다하여 절의 옛 모습을 복원하였고, 가옥과 토지를 점거한 호족과 백성들을 내쫓았다. 방장(方丈)이 되어 참선당(參禪堂)을 건립하고 강습을 열어, 사방 각지에서 온 사람(수행자)들을 받아들였다. 강남 총림(江南叢林)이 이때부터 시작하였는데, 이 모두가 선사의 힘이었다. 도량이 열린 다음 왕래하는 사람들이 점차 많아지자, 선사는 다시 산의 가장 깊은 곳으로 옮겨 들어가(移居) 천개암(天開庵)이라고 불렀는데, 쓸쓸한 그림자가 처음과 같았다.

한때 륙공(陸公)의 인도로 말미암아, 참선의 도에 대해 아는 게 많았던 고관대작이나 재가 거사(在家居士)들이, 선사의 도풍(道風)을 듣고 나서 자주 찾아와 알현했다. 무릇 참배하고 가르침을 청하는 자가 한번 알현하면, 선사는 곧 일상사(日常事)가 어떠한지 물었다. 그리고 귀천과 승속(僧俗)을 불문하고, 방에 한번 들어온 사람에게는 반드시 방석을 바닥에 던져주었다. 그 자리 위에 단정히 앉은 채로 자신의 본래 진면목을 되돌아보게 한 것이다. 심지어 종일토록 말 한 마디 않고 철야정진을 시키기까지 하였다. 작별할 때가 되면 완곡하고 간절한 어조로, "정말로 허송세월하지 마시오."라고 당부하였다.

그 뒤 다시 만나면, 작별하고 귀가하여 어느 정도 마음을 내어서 공부했는지, 그 난이도가 어떠했는지를 반드시 물어보았다. 그러므로 황당하게 여긴 자는 망연자실(茫然自失)하여 응답할 수가 없었다. 이는 운곡 선사의 자비로운 마음이 더욱 간절할수록, 그 엄숙함이 더욱 장중한 때문이었다. 비록 문과 뜰은 따로 만들지 않았지만, 사람들이 선사가 거처하는 산 끝을 쳐다보면, 날씨가 춥지 않아도 온몸에 전율(戰慄)을 느낄 정도였다. 그러나 선사는 한결같이 똑같은 마음(平等心)으로 서로 감싸주었고, 언제든지 사람을 맞이함에는 시종 부드러운 말과 낮은 목소리로 대했다. 한결같이 평상심을 유지하면서, 일찍이 말이나 기색으로 나타내는 법이 없었다.

선사에게 귀의한 사대부도 나날이 더욱 늘어갔다. 사대

부 중에는 더러 산에 들어올 수 없어, 알현을 청하는 사람들도 있었다. 이런 경우에는 선사가 도(道)로써 중생을 교화하고 제도한다는 자비심에서, 친히 가서 만나 주었다. 1년에 한 번 정도 성(城) 안을 왕래하였는데, 이때는 반드시 회광사(回光寺)에서 주석(主席)했다. 매번 선사가 회광사에서 머물 때마다, 재가 선남자 선녀인들이 와서 귀의했는데, 마치 부처님의 연화좌(蓮華座)를 둘러싸는 듯했다.

선사는 대중을 한번 보시면, 마치 마술사처럼 사람들을 교화했는데, 일찍이 일념(一念)의 분별심도 없었다. 그래서 친근하게 대하기가, 마치 어린애들이 자애로운 어머니 옆에 있는 것과 같았다. 운곡 선사가 성(城)을 나서면 대부분 보덕사(普德寺)에서 주석하였는데, 구학 열공(臞鶴悅公)[28]이 진실로 그 가르침을 받았다. 작고하신 태사(先太師)께서 매번 방장실(方丈室)로 불러들여 열흘이나 한 달 정도씩 머물게 했다.

그때 나는 아직 철모르는 동자(童子)였다. 내가 가까이서 스승을 시중들면서 선사께 수고를 끼쳐드려도, 선사는 나를 가르치고 깨우쳐 주시는 데 싫증내는 법이 없었다. 당시 내 나이가 열아홉이었는데, 출가하지 않고 싶은 마음이 있었다.

---

28) 원문(原文) 구학 열공(臞鶴悅公)은 한문의 뜻으로 풀면, '여윈 학(鶴) 한 마리가 공(公)을 기쁘게 하다'는 의미다. 더러 호(號)나 자(字)가 구학(臞鶴)인 '열(悅)' 성(姓)의 대부일 수도 있으나, 중국에 '열(悅)' 성(姓)이 안 보이므로, 법호(法號)가 구학(臞鶴)인 '열(悅)' 스님에 대한 존칭으로 '공(公)'을 붙인 걸로 풀이하는 게 가장 근사하게 여겨진다.

선사께서 이걸 알고 물으셨다.

"너는 어찌하여 초심을 배반하느냐?"

이에 내가 "단지 세속을 싫어할 따름입니다."라고 대답하자, 선사께서 이렇게 말씀하셨다:

"세속이 싫어졌다면, 어찌하여 고승대덕(高僧大德)들을 본받지 않느냐? 옛날의 고승은 천자(天子)조차도 신하로 대하지 못했고, 부모조차도 자식으로 기르지 않았으며, 천신(天神)이나 용왕(龍王)이 공경해도 그것을 기쁨으로 여기지 않았다. 모름지기 전등록(傳燈錄)이나 고승전(高僧傳)을 구해서 읽어보면, 곧 알게 될 것이다."

내가 곧 책 상자를 뒤적여서 중봉광록(中峰廣錄)[29] 한 부를 찾아, 이것을 가지고 선사께 가서 사뢰었다. 그러자 선사께서 보시고, "이것을 잘 익혀 음미하면, 곧 도 닦는 승려가 귀함을 알게 될 것이다."라고 말씀하셨다. 내가 이로부터 머리를 깎

---

29) 중봉광록(中峰廣錄): 온전한 명칭은 천목중봉화상광록(天目中峰和尙廣錄). 원대(元代) 특사천목산불자원조광혜선사(特賜天目山佛慈圓照廣慧禪師) 중봉명본(中峰明本: 1263~1323) 스님의 법어집으로, 문인 북정자적(北庭慈寂) 등이 편집한 30권. 시중(示衆)·소참(小參)·산방야화(山房夜話)·신심명벽의해(信心銘闢義解)·능엄징심변견혹문(楞嚴徵心辯見或問)·별전각심(別傳覺心)·금강반야략의(金剛般若略義)·환주가훈(幻住家訓)·의한산시(擬寒山詩)·동어서화(東語西話)·잡저(雜著)·게송(偈頌) 등을 수록함. 각 경전의 요지와 여러 종사(宗師)의 화두(話頭)를 널리 인용, 융합하여 선정습합(禪淨習合)과 선교일치(敎禪一致)를 주장(主張)함. 그래서 세인(世人)들이 '불법중흥본중봉(佛法中興本中峰)'이라고 찬탄함.

고 잿물들인 승복을 입기로 결심했는데, 이것은 모두 진실로 선사의 인도와 가르침을 받은 것이었다. 이때가 명나라 세종(世宗) 가정(嘉靖) 43(甲子: 1564)년이었다.

2년 뒤 병인(丙寅: 1566)년 겨울에 대사는 선도(禪道)의 맥이 끊어질 것을 안타깝게 여겨서, 후학 53인을 모아 천계사(天界寺)에서 좌선수련법회(坐禪修練法會)를 열었다. 이때 대사께서 애써 나를 뽑으셔서, 대중들과 함께 동참하도록 배려하셨다. 특히 나에게 퇴전(退轉)하지 말고 위를 향하여 일로 매진하라고 지시하며, 염불로써 화두를 진실하게 살피도록 가르치셨다. 이때 비로소 문자(文字)가 없는 곳에서 생명의 본래 진면목을 참구하는 선가 종문(禪家宗門)의 일을 알게 되었다. 당시 남부 지역의 여러 사찰에 걸쳐, 제대로 선종(禪宗)을 따르는 자는 4~5명뿐이었다.

대사께서 늙음을 드리우게(垂老: 晩年이) 되자, 슬픈 마음이 더욱 간절해지셨다. 그래서 비록 가장 작은 사미승(沙彌僧)까지도 한결같이 자비로운 눈으로 바라보며, 예(禮)로써 대하셨다. 무릇 사소한 기거동작(起居動作)이나 위의예절(威儀禮節)을 친히 귓가에 말하고 면전에서 타이르셨다. 누구나 하도 순순히 잘 유도하셔서, 보는 사람마다 모두 자기만 가장 친근히 대한다고 생각할 정도였다.

그러나 법을 보호하시는 마음은 매우 깊었다. 처음 발심해서 배우는 사람도 가벼이 여기지 않았고, 계(戒)를 훼손하는 자도 업신여기지 않았다. 당시 많은 산승(山僧)들이 계율을 지키지 않고 있었다. 그런데 선사는 무릇 율법기강(律法紀綱)을 범하는 자가 있다는 소식을 들으면, 파계승이 찾아와서 구하기를 기다리지 않고 직접 가서 구제하시되, 반드시 아주 간절한 마음으로 처리하셨다.

도량의 불법(佛法)을 왕이나 대신들에게 부탁하고 위촉하여 바깥 호법(護法)으로 삼는 것은, 오직 우러러 불심(佛心)을 체득함에 있는데, 하물며 스스로 승려를 욕되게 하는 것은, 바로 부처님을 욕되게 하는 일이라고 말씀하셨다. 이 말씀을 듣는 자들은 모두 얼굴빛을 바꾸지 않는 자가 없었다. 그러나 대사는 반드시 그가 확연히 모든 의심과 교만이 풀어져 깨달은 다음에야 그쳤다. 하지만 끝내 다른 사람들에게 들림(소문)이 나가지 않아서, 듣는 자들 또한 일찍이 훈계와 설교가 번거롭게 많다고 생각한 적이 없었다. 오랜 세월이 지나면서, 모두 그것이 인연 없는 무위자연(無爲自然)의 자비(無緣慈悲)에서 나온 것임을 알게 되었다.

료범(了凡) 원공(袁公)이 아직 과거에 등제하기 전에 산중의 선사를 참방했는데, 서로 마주보고 앉아 사흘 낮밤을 침묵한 채 좌선하였다. 이때 선사께서 일체유심조(一切唯心造)와 운명자립창조의 종지(宗旨)를 그에게 가르쳐주어, 료범이 그 가르침을 받잡았다. 그 일은 『성신록(省身錄)』에 상세히 적혀 있다.

륭경(隆慶: 穆宗의 연호) 5년 신미(辛未: 1571)년에 내가 대사께

하직하고 북쪽을 유람하게 되었는데, 대사께서는 이렇게 훈계하셨다.

"옛 사람들이 행각(行脚)할 때는, 단지 자기 자신을 밝히고 몸소 비천한 일을 행하려고 할 따름이었네. 그대는 마땅히 장차 미래에 무얼 가지고 부모와 스승과 벗을 만날 것인가 생각해야 할 것일세. 괜히 짚신 값만 허비하는 일이 없도록 신중하게나."

나는 눈물을 흘리면서, 예로써 작별을 고했다.

임신(壬申: 1572)년 봄, 가화(嘉禾)의 이부상서(吏部尙書)인 묵천(黙泉) 오공(吳公)과 형부상서(刑部尙書)인 단천(旦泉) 정공(鄭公), 그리고 평호(平湖)의 태복(太僕)인 오대(五臺) 륙공(陸公) 등이 동생 운대(雲臺)와 함께, 대사가 계신 옛 산에 청법(請法)하러 갔다. 이들이 함께 수시로 대사의 방에 들어와 도를 묻고 배웠는데, 매번 뵐 때마다 반드시 초와 향을 바치면서 더욱 가르침을 청하고 제자의 예를 행했다.

달관 가 선사(達觀可禪師)도, 상서인 평천(平泉) 륙공(陸公) 및 중서(中書)인 사엄(思菴) 서공(徐公)과 더불어서, 곧잘 대사를 알현했는데, 한번은 이마를 땅바닥에 조아리면서 화엄(華嚴)의 종지(宗旨)를 여쭈었다. 대사께서 이들을 위해 사법계(四法界)의 원융무애(圓融無碍)한 오묘함을 펼치셨는데, 그것을 듣고는 모두 다 전례 없이 크게 탄복하였다.

대사는 항상 사람들에게 특별히 일체유심조의 정토법

문(淨土法門)을 하셨고, 평생 인연에 맡긴 채 일찍이 문이나 뜰(宗派나 系派)을 만든 적이 없었다. 어떤 산이든 단지 참선(參禪)과 강경(講經)하는 도량만 있는 곳이면, 반드시 대사께 방장(方丈)의 자리에 앉으시도록 청하였다. 그러면 대사께서 이르시어 백장규구(百丈規矩)를 선양(宣揚)하고, 앞서 간 고승대덕의 전형(典型)을 힘써 밝히셨는데, 조금도 허세(虛勢)나 적당한 편의(便宜)를 부림이 없었다.

대사께서 거처할 때는 항상 편안하고 중후하여 말씀이 적으셨고, 말씀을 하실 때는 텅 빈 계곡에서 나는 소리처럼 잔잔하고 은은하게 울려 퍼졌다. 선정(禪定)의 힘으로 추스르고 지님이 아주 견고하여, 40여 년을 하루처럼 산에 거주하며 늘 맑게 닦으셨다. 옆구리가 자리(방바닥)에 닿지 않았고(이른바 長坐不臥), 종신토록 아미타불(阿彌陀佛)을 염송(念誦)하며 예불하기를 일찍이 하루 저녁도 그친 적이 없었다. 강남(江南)의 선도(禪道)가 새벽처럼 몽매한 초창기에 선사께서 사람들이 많은 곳을 출입하셨지만, 시종 선사에 대해 이러쿵저러쿵 입에 올리는 자가 없었다. 또 선사께서 마을에 3년간 머무르시는 동안에는, 교화를 받은 자가 수천 수만 명이나 되었다.

어느 날 밤 주변 사방 고을의 사람들이 선사께서 계신 암자에 큰 불빛이 훤하게 밝은 것을 보고는, 날이 새자마자 곧 달려가 보았는데, 선사께서 이미 고요히 열반(涅槃)하셨다. 이때가 만력(萬曆) 3년(1575) 을해(乙亥) 정월 초닷새였다. 선사께서는 홍치(弘治: 孝宗의 연호) 13년 경신(庚申: 1500)년에 태어나서 75세로 삶을 마치셨는데, 승랍(僧臘: 또는 法臘)으로는 50년 동안 수행하셨다. 제자 진인 법사(眞印法師) 등이 다비(茶毗)식을 거행하여, 절의 오른쪽에 안장하였다.

내가 대사 곁을 떠난 뒤로 여러 곳을 두루 돌아다니면서, 도(道)가 있다는 선지식(善知識)들을 많이 만나보았다. 하지만 일찍이 대사처럼 몸가짐과 행실이 평범하면서도 여실(如實)하고, 진실하며 자비롭고, 평안하며 자상한 분을 뵙지 못했다. 매번 생각이 날 때마다, 선사의 음성·안색·모습 등이 내 마음의 눈에 여전히 선하게 나타나는데, 대사께서 주신 깊숙한 법유(法乳)에 감격하여 늙도록 잊을 수가 없다.

대사께서 발자취를 드러내어 도(道)에 입문한 인연들은, 대개 대사로부터 그 말씀을 직접 듣고 본 것들이다. 하지만 마지막 끝 구절은 어떻게 매듭지어야 할지 모르겠다. 지난번 정사(丁巳: 萬曆 45년, 1617)년에 동쪽으로 나들이할 때, 심정범(沈定凡) 거사의 재실(齋室: 齋戒하고 道 닦는 淨室)에 갔다가, 서진(棲眞)에 있는 선사의 탑에 예배를 드렸다. 이때에 시주(施主)를 모연(募緣)하여 탑(塔)과 정자(亭子)를 세우고, 이것을 관리·유지할 토지도 장만하여, 대사께 대한 추모의 사념(思念)을 조금이나마 기울였다.

료범(了凡) 선생이 적은 대사의 명문(銘文)이 상세하지 못함을 보고, 이에 내가 보고들은 대사의 행적을 간략한 전기

(傳記)로 서술하여, 후세 사람들에게 전하고자 한다. 대사께서는 선도(禪道)를 중흥시킨 조사(祖師)이신데, 불행히 그 천기(天機)를 담은 법어(法語)는 기록이 없어져 전해지지 않기 때문에, 대사께서 펼치신 신비하고 미묘한 도(道)는 안타깝게도 발휘하고 선양할 방법이 없다.

 (이 전기는 함산대사집(憨山大師集)에 실린 글을 한글로 옮겼음.)

※ 함(감)산(憨山) 대사(1546~1623) : 휘(諱: 본명)는 덕청(德淸), 자(字)는 징인(澄印), 憨山(본디 독음이 '함산'인데, 우리나라에선 흔히 '감'산으로 잘못 읽음)은 별호. 속가의 성은 채(蔡)씨고 전초(全椒: 현재 安徽省에 속함) 출신이다. 명나라 가정(嘉靖) 25년에 태어나, 9세 때 절에서 글공부하다가 스님이 관음경(관세음보살보문품)의 "능구세간고(能救世間苦: 능히 세간의 괴로움을 구제하시며)"라는 구절을 독송하는 걸 듣고는 기뻐서 경을 얻어 암송했다. 19세 때 출가해 각처를 유람하다가, 동해(東海) 로산(嶗山: 牢山)에 거주하였다. 36세 때(만력9년, 1581) 오대산에서 황태자의 탄생을 기원하는 무차법회(無遮法會)를 열어 500명 스님을 초청하여, 산중 대중과 함께 1천여 명이 7일간 일사불란하게 성황리에 봉행하였다. 황실과 인연을 맺고 호국불교를 내세워 불사를 크게 일으키다가 마침내 모함을 받아, 만력 23년(1595) 사사로이 사찰을 건립한 죄로 광동(廣東) 뢰주(雷州)에 유배 가서 충군(充軍)하였다가 10여년 만에 풀려났는데, 광동에 있는 동안 조계(曹溪)

보림사(寶林寺)에 주석하여 선종을 크게 부흥시켰다. 천계(天啓) 3년에 세수 78, 승랍 59로 좌탈(坐脫) 입적했는데, 오래 지난 뒤에도 살아계신 듯하여, 육조 혜능 대사처럼 육신상으로 보존해 전해진다. 저서에 『법화통의(法華通義)』·『릉가필기(楞伽筆記)』와 노자(老子)·장자(莊子)·중용(中庸)에 대한 주해서 등이 있으며, 『몽유집(夢遊集)』 55권과 『함산어록(憨山語錄)』 20권이 전해진다. 근래 함산노인자서연보실록(憨山老人自序年譜實錄)이 '감산자전'이라는 제목으로 한글로 옮겨져 나왔다.

주안사(周安士) 선생이 말하였다.
"입명(立命)의 학설은 맹자(孟子)에게서 나온 것인데, 직접 몸으로 힘써 행하여 하나하나 친히 체험한 자는 료범 선생 한 사람일 뿐이다. 그러나 료범 선생이 줄을 고치고 바퀴를 바꾸듯(改弦易轍) 더욱 절차탁마하면서, 도(道)를 깊게 믿고 의심하지 않으면서 용맹스럽게 결행할 수 있었던 것은, 또한 운곡 선사 한 분의 가피력(加被力)일 따름이다. 누가 불가(佛家)의 공문(空의 法門) 안에서는 공맹(孔孟)의 깊고 미묘한 도(道)를 결코 펴서 밝힐 수 없다고 하는가?"
"세속 사람들은 남이 힘써 선(善)을 행하는 것을 보고는, 자신은 하지도 않으면서 곧잘 비웃으며 힐난한다. '선을 행할 땐 모름지기 무심(無心)해야 한다. 만약 한번 집착한다면, 곧 보답을 바라는 마음이 생기게 된다.' 이러한 얘기는 일찍이 고명(高明)하지 않은 게 아니지만, 이것은 사람이 용맹스럽게 나아가려는 뜻을 가로막는 경우가 많다. 가령 농부가 1년 내내 부지런히 일을 했는데, 그 농부에게 '너는 수확을 바라서는 안 된다.'라고 말하거나, 마찬가지로 또는 선비가 10년 동안 어렵게 공부를 했는데 '너는 공명(功名)을 생각해서는 안 된다.'라고 말한다면, 그들이 과연 기꺼이 즐겨 그 말을 따르겠는가?"

* 주몽안(周夢顔, 1656~1739): 청대(淸代) 곤산(崑山) 사람. 다른 이름은 사인(思仁), 자(字)는 안사(安士), 호(號)는 회서 거사(懷西居士). 경서와 대장경에 박통하고, 정토법문(淨土法門)을 경건히 신행(信行)함. 중생(衆生)의 죄악이 대부분 음욕과 살생의 업장으로 생기는 현실을 직시하여, 『만선선자집(萬善先資集)』 4권을 지어 살생금지(戒殺)를 역설하고, 『욕해회광(慾海回狂)』 3권을 지어 음욕절제(戒淫)를 강조함. 또 도가의 문창제군음질문(文昌帝君陰騭文)을 해설한 『광의절록(廣義節錄)』 상하권을 저술해 적선공덕의 중요성을 강조하고, 『서귀직지(西歸直指)』 4권을 지어 서방극락정토 왕생의 첩경을 일깨움. 건륭(乾隆) 4년 세수(世壽) 84세로 서거. 후세에 몽안 개사(夢顔開士)가 저술한 세 책을 편집한 『안사전서(安士全書)』가 널리 유통함.

스스로 아는 기록을 권하며(自知錄序)

연(련)지 대사(蓮池大師)

|

나는 어렸을 때 태미선군(太微仙君)[30]의 공과격(功過格: 공덕과 죄과를 기록하는 표)을 보고는 몹시 기뻐한 나머지, 곧장 인쇄하여 보시한 적이 있었다. 그리고 세속을 떠나 출가 수행하기 시작하면서, 훌륭하다는 선지식들을 참방(參訪)하여 가르침을 청하느라 바쁘게도 돌아다녔다.

긴 참방의 유랑(流浪)에서 돌아와 깊은 계곡에 은둔하면

---

30) 태미선군(太微仙君): 옥황상제의 궁정에서 천상을 다스리는 도교(道敎)의 중요한 신선인 듯하다. 본디 태미원(太微垣)은 북두(北斗) 남쪽과 진수(軫宿) 및 익수(翼宿)의 북쪽에 자리하는 성관(星官) 이름이다. 오제좌(五帝座)를 축으로 10개의 별로 둘러싸인 병풍(담) 모양의 별자리다. 천자(天子: 옥황상제)의 궁정(宮庭)에 해당하며, 오제좌(五帝座)와 12제후부(諸侯府)가 자리한다. 북두의 북쪽에는 북극(北極)을 축으로 15개의 별이 양렬로 병풍을 이루는 자미원(紫微垣)이 대응한다. 고대 중국에서는 하늘의 별자리가 천상의 관직(天官)을 상징한다고 여겨, 각각 고유의 이름을 붙이고 인간 세상의 관직명으로 차용하기도 했다. 중국에서 많이 애용하는 점법인 자미두수(紫微斗數)도 별자리 이름에서 유래한다.

서, 비로소 선정 수행에 전념하여 전혀 딴 생각할 겨를이 없었다. 이제 늘그막에 불현듯 어지럽게 쟁여진 옛 글 보퉁이를 뒤적이다가, 그때 찍은 공과격이 예전 모습 그대로 간직되어 있는 것을 다시 찾아내었다. 이에 기쁜 나머지, 그 내용을 더러 조금 빼기도 하고, 더러 모자란 점을 덧보태기도 하여, 새로 인쇄하게 되었다.

예전에 태미선군(太微仙君)은 이렇게 말씀하셨다.

"보통 사람들은 마땅히 이 공과격을 침상 머리맡에 놓아 두고, 매일 저녁 불을 끄고 잠자리에 들기 전에, 하루 동안의 공덕(선행)과 과오(죄악)를 살펴 적어야 한다. 날이 감에 따라 달이 차고, 달이 감에 따라 해가 차면서, 더러는 공덕으로 과오를 맞춰 보고, 더러는 과오로 공덕을 견주어 본다. 그렇게 많고 적음을 서로 견주어보면, 복을 받을지 벌을 당할지는, 점괘로 길흉을 물어 볼 필요도 없이 스스로 알게 된다."

지극하시도다, 이 말씀이여! 또 옛 성현은 이런 말씀을 남기셨다.

"사람은 스스로 알지 못하는 게 가장 불쌍하다. 스스로 아는 자는, 자기가 나쁜 줄 알면 두려워 그치고, 자기가 착한 줄 알면 기뻐 더욱 힘쓰게 된다. 그러나 스스로 알지 못하는 자는, 감정과 욕망에 따라 제멋대로 방자히 굴면서, 서로 다투어 짐승처럼 타락한다. 그러면서도 자기가 짐승인 줄은 깨닫지 못한다."

이렇게 마음을 내어 붓을 들고 행실을 살펴 적게 되면, 신령스런 마음자리(靈臺)를 속일 수 없으며, 거짓되고 나쁜 짓과 올바르고 착한 것이, 마치 맑은 거울로 모습을 비추듯 훤히 드러나게 된다. 그러면 스승이 아니라도 근엄하고, 벗이 아니라도 다투어 충고하며, 상과 벌이 아니라도 권선징악하고, 시초(蓍草)나 거북이 등가죽으로 점을 치지 않아도 화를 피해 복으로 나아가며, 천당과 지옥이 아니라도 올라갈지 가라앉을지 저절로 드러난다. 이렇듯이 익숙하게 길들여 나간다면, 도(道)를 닦는 데 무슨 어려움이 있겠는가? 그리하여 '공과격(功過格)'이라는 종래의 이름을 '자지록(自知錄: 스스로 아는 기록)'으로 바꾸게 되었다.

이 자지록은 낮은 근기의 어리석은 중생(下士)이 얻으면, 크게 비웃고 거들떠보지도 않을 터이니, 어떻게 매일 적기까지 바라겠는가? 그러나 보통 평범한 중생(中士)이 이를 얻으면, 반드시 부지런히 기록하며 지킬 것이다. 그리고 최상 근기의 지혜로운 사람(上士)이 이를 얻으면, 단지 스스로 어떠한 죄악도 짓지 않고 뭇 선행을 받들어 행하는 경지에 노닐면서, 기록은 해도 좋고 하지 않아도 그만이다. 왜 그러한가?

선행은 본디 마땅히 행할 일이며, 복을 구하기 위해서 행하는 것이 아니다. 마찬가지로 죄악은 본디 마땅히 짓지 않아야 하며, 단지 벌이 두려워 안 짓는 것이 아니다. 온종일 죄악을 멈추고, 온종일 선행을 닦으면서, 밖으로는 선행과 죄악의 이름이나 모습조차 보지 못하고, 안으로는 죄악을 멈추고 선행을 닦는 마음까지 보지 않는다. 복조차 받지 않고, 죄악 또한 본성이 텅 비어 있으니, 이러한 경지에 이른 사람이야 선악을 굳이 적어서 무슨 소용이 있겠는가?

하물며, 두 부서의 동자와 육재일(六齋日: 음력 매월 8, 14, 15, 23, 29, 30일)을 지키는 제천(諸天)이, 세간에서 말하는 삼태성(三台星)[31] 및 팽조(彭祖)와 함께 밤낮으로 유람하며, 인간의 화복과 운수를 주고 뺏으며, 삼원(三元)[32]이나 명절과 섣달그믐 등에 우리 앞뒤와 좌우에 삼엄하게 늘어서서 두 눈을 부릅뜨고 우리를 지켜봄에랴! 설사 우리가 스스로 공덕과 죄과를 기록하지 않더라도, 저들 신명이 기록하는 내용만으로도, 정말로 누에고치 실보다 더 빽빽하고, 가을 터럭(秋毫)보다 더 세밀하기 짝이 없다.

비록 그렇다고 할지라도, 천하 사람이 모두 최상의 지혜로운 선비는 아니다. 가령 최상의 지혜로운 선비가 스스로 알고서 기록하지 않는다면, 군자로서 아무 허물이 없을 것이다. 하지만, 설사 최상의 지혜로운 선비라고 할지라도, 만약 스스

---

31) 삼태성(三台星): 태미원(太微垣) 바로 위에 하태(下台)가 자리하고, 상태(上台)는 서쪽으로 문창(文昌) 곁에 나란히 있으며, 상태와 하태 사이에 중태(中台)가 있음. 각각 2개의 별로 이루어지는데, 지금 북두칠성의 6개에 해당한다고 보기도 하고, 태미원에 속한다고 보기도 함.

32) 삼원(三元): 음력 정월 보름의 상원(上元), 7월 보름(백중) 중원(中元), 10월 보름의 하원(下元).

로 알지 못하면서도 기록하지 않는다면 사정이 달라진다. 이는 우둔하고 무지한 자가 아니라면, 제 말만 앞세우는 외고집일 따름이다. 그러니 인간 세상에 이 자지록(공과격)이 없어도 과연 괜찮겠는가?

이러한 까닭에, 유교에서는 사단(四端)과 백 가지 행실(百行)을 주장하고, 불교에서는 육도(六度: 육바라밀)와 만 가지 수행(萬行)을 가르치며, 도교에서는 삼천 가지 공덕(三千功)과 팔백 가지 선행(八百行)을 권장한다. 이들은 모두 적선(積善)의 원리와 방법이다.

인연을 내팽개치고 의기소침하여 제멋대로 구는 자들은 말할 것도 없다. 그러나 만약 선과 악이 모두 일정한 과보가 있다고 믿을 수 없다는 구실로, 남들이 자지록(공과격)에 따라 선악을 부지런히 적는 걸 보고서, "어찌 이렇게 째째한 것에 번거롭게 마음을 쓴단 말이냐?"고 오만무례하게 지껄인다면, 그 허물은 결코 작지 않다.

오호라! 세상 사람들이여! 오욕의 세속에서는 진땀 뻘뻘 흘리고 정신이 피곤하도록 온갖 잡념망상 다하면서도, 종신토록 조금도 번거롭게 여기지 않는구나. 그러면서 유독 잠자리에 잠깐 마음을 내어 언행을 반성하고 생각을 가다듬는 일이, 그토록 귀찮단 말인가? 그 미혹은 어찌할꼬?

증자(曾子)는 매일 세 번(또는 세 가지로) 자신을 반성했고, 송(宋) 나라 때 조열도(趙閱道)는 밤에 반드시 향을 사르고 하늘(上

帝)에 보고를 올렸으며, 또 어떤 이는 검은 콩과 흰 콩으로 선악을 헤아렸다. 이러한 수행을 현명하고 지혜로운 옛 사람들도 버리지 않고 몸소 실천했거늘, 하물며 우리가 자지록을 적어서 손해 볼 게 뭐가 있겠는가?

공과격

(功過格: 공덕과 죄과를 기록하는 표)

운곡 선사(雲谷禪師)가
원료범(袁了凡)에게 수여한 공과격 (功過格)

[옮긴이 해설: 운서(雲棲) 연(蓮)지 대사(蓮池大師)의 自知錄에 실린 것을 옮겨 적은 듯합니다. 물론 후대로 내려오면서, 약간의 수정 보충이 있었을 것입니다. 사람이 선한 일을 하여 공덕을 쌓아감에도, 그 비중의 높낮이가 있습니다. 다만 그 구체적인 내용은 시대와 지역 및 가치관의 차이에 따라 다소 변화할 수 있으므로, 이를 기본으로 융통성 있게 이해할 필요가 있습니다. 예컨대, 여기서 승(僧)이란 불교의 스님뿐만 아니라, 천주교의 신부(神父)와 수사(修士)·수녀(修女) 및 기독교의 목사, 그리고 기타 종교의 수행인과 성직자를 포함할 것입니다. 또 법(法)이란 불교의 교리뿐만 아니라, 진리(眞理)·정도(正道)를 널리 지칭하는 일반 개념으로 이해하는 것입니다. 여기서는 원문의 소개와 함께 직역을 첨부하니, 독자 여러분께서 각자 잘 음미하고 사유하시기 바랍니다.]

1점짜리 공덕 (准一功)

찬일인선(讚一人善)
사람의 선(착한 일)을 한번 칭찬하는 것.

엄일인악(掩一人惡)
사람의 악을 한번 덮어주는 것.

권식일인쟁(勸息一人爭)
사람의 싸움을 한번 그치게 말리는 것.

저인일비위사(沮人一非爲事)
사람이 한 가지 나쁜 일을 못하도록 막는 것.

제일인기(濟一人饑)
사람 배고픈 것을 한번 구제해 주는 것.

유무귀인일숙(留無歸人一宿)
돌아갈 곳이 없는 사람을 하룻밤 잠재워주는 것.

구일인한(救一人寒)
사람을 추위에서 한번 구해주는 것.

시약일복(施藥一服)
약 한 첩을 주는 것.

시행권제인서문(施行勸濟人書文)
사람을 구제하도록 권하는 글을 베푸는 것.

송경일권(誦經一卷)
경전 한 권을 독송하는 것.

예참백배(禮懺百拜)
반성참회의 절을 백 배 올리는 것.

송불호천성(誦佛號千聲)
불보살님의 명호를 천 번 염송하는 것.

강연선법 유급십인(講演善法 諭及十人)
선법을 강연하여 10인에게 가르침이 미치는 것.

흥사이급십인(興事利及十人)
좋은 일을 일으켜 이익이 10인에게 미치는 것.

습득유자일천(拾得遺字一千)
내버려진 글 1천 자를 주워 처리하는 것.

반일승(飯一僧)
한 스님에게 한 끼 공양드리는 것.

호지승중일인(護持僧衆一人)
스님 한 사람을 잘 보호하고 지켜주는 것.

불거걸인(不拒乞人)
걸인이 구걸하는데 거절하지 않는 것.

접제인축일시피돈(接濟人畜一時疲頓)
사람이나 가축이 일시 피곤한 것을 구제해 주는 것.

견인유우 선위해위(見人有憂 善爲解慰)
사람이 근심하는 걸 보고 잘 위로해 풀어주는 것.

육식인지재일일(肉食人持齋一日)
육식을 하는 사람이 1일간 육식 않고 재계하는 것.

견살불식 문살불식(見殺不食, 聞殺不食)
짐승 잡는 걸 보거나 비명 소리를 들으면 차마 그 고기를 먹지 않는 것.

위기살불식(爲己殺不食)
자기를 위해 죽인 짐승의 고기를 먹지 않는 것.

장일자사금류(葬一自死禽類)
저절로 죽은 짐승 한 마리를 잘 묻어주는 것.

방일생(放一生)
한 생명을 구해서 살려주는 것.

구일세미습화지속명(救一細微濕化之屬命)
미세한 습생과 화생(곤충이나 벌레) 한 마리를 구해주는 것.

작공과천침혼(作功果薦沈魂)
공덕과 과업을 지어 악도에 떨어진 영혼의 천도에 회향하는 것.

산전속의백제인(散錢粟衣帛濟人)
돈과 곡식, 옷 등을 베풀어 사람을 구제하는 것.

요인채부(饒人債負)
남이 진 빚을 용서(연기 또는 면제)해 주는 것.

환인유물(還人遺物)
남이 잃어버린 물건을 주워 돌려주는 것.

불의지재불취(不義之財不取)
의롭지 못한 재물을 취하지 않는 것.

대인완납채부(代人完納債負)
다른 사람을 대신해 그 빚을 다 갚아주는 것.

양지양산(讓地讓産)
땅을 양보하고 재산을 양보하는 것.

권인출재작종종공덕(勸人出財作種種功德)
남에게 재산을 베풀어 갖가지 공덕을 지으라고 권하는 것.

불부기탁재물(不負寄托財物)
남이 맡긴 재물을 가로채지 않는 것.

건창평조(建倉平糶), 수조로교(修造路橋), 소하굴정(疏河掘井), 수치삼보사원(修置三寶寺院), 조삼보존상급시향촉등유등물(造三寶尊像及施香燭燈油等物), 시다수(施茶水), 사관목(捨棺木), 일체방편등사(一切方便等事):
창고를 지어 곡식을 잘 저장하고(곡식 가격 안정, 흉년 대비), 길이나 다리를 새로 놓거나 복구하고, 막힌 강물을 뚫고 우물을 파 사람들을 이롭게 하고, 도량을 짓고 삼보의 불상들을 만들거나 향이나 초, 등 같은 공양물을 보시하고, 길손에게 차나 물을 보시하고, 죽은 사람을 위해서 관목을 보시하는 것 등 일체 사람을 이롭게 하는 것.

자'작공과'이하(自'作功果'以下) 구이백전위일공(俱以百錢爲一功) '작공과(作功果)'
항목부터 아래로, 재물을 보시하는 경우에는 그 가액으로 백전을 일공(一功)으로 한다.

3점짜리 공덕 (准三功)

수일횡부진(受一橫不嗔)
뜻밖에 횡액을 당해서도 화내지 않는 것.

임일방불변(任一謗不辯)
남의 비방을 감당하면서 변명하지 않는 것.

수일역이언(受一逆耳言)
귀에 거슬리는 말을 듣고도 화내지 않는 것.

면일응책인(免一應責人)
마땅히 책망할 사람의 책임을 면제(용서)해 주는 것.

권양잠(勸養蠶)·어인(漁人)·렵인(獵人)·도인등개업(屠人等改業)
양잠, 어부, 사냥꾼, 백정 등에게 직업을 바꾸도록 권하는 것.

장일자사축류(葬一自死畜類)
저절로 죽은 가축을 묻어주는 것.

5점짜리 공덕 (准五功)

권식일인송(勸息一人訟)
한 사람의 법정 소송을 그치도록 권하는 것.

전인일보익성명사(傳人一保益性命事)
한 사람에게 심성과 생명을 보전하고 증진하는 일을 전해 주는 것.

편찬일보익성명경법(編纂一保益性命經法)
심성과 생명을 보전하고 증진하는 경전법문을 한번 편찬하는 것.

이방술구일인경질(以方術救一人輕疾)
약처방이나 의술로 가벼운 질병을 한번 고쳐주는 것.

권지전파인악(勸止傳播人惡)
타인의 악을 퍼뜨리지 말도록 권하는 것.

공양일현선인(供養一賢善人)
어질고 착한 사람을 한번 공양하는 것.

기복양재등(祈福禳災等), 단허선원불살생(但許善願不殺生)
중생을 위해 천재지변이 없게 해달라고 기도하며, 단지 착한 발원만 하고 제물로 희생을 잡지 않는 것.

구일무력보인지축명(救一無力報人之畜命)
사람에게 보답할 힘이 없는 가축의 생명을 구해주는 것.

10접짜리 공덕 (准十功)

천인일유덕인(薦引一有德人)
덕망 있는 사람을 천거하여 인도하는 것.

제일인해(除一人害)
사람의 해악을 한번 제거해 주는 것.

편찬일체중경법(編纂一切衆經法)
모든 경전과 법문(진리의 말씀)을 편찬하는 것.

이방술치일인중병(以方術治一人重病)
의술이나 약처방으로 사람의 중병을 한번 치료해 주는 것.

발지덕지언(發至德之言)
지극히 덕 있는 말을 하는 것.

유재세가사이불사(有財勢可使而不使)
부릴 만한 재력과 권세가 있는데도 부리지 않는 것.

선견첩비(善遣妾婢)
자기에게 딸린 첩이나 노비를 잘 내보내는(해방) 것.

구일유력보인지축명(救一有力報人之畜命)
사람에게 보답할 힘이 있는 짐승의 생명을 구해주는 것.

30점짜리 공덕 (准三十功)

시일장지여무토지가(施一葬地與無土之家)
한 뙈기 묘지를 땅 없는 사람에게 베푸는 것.

화일위비자개행(化一爲非者改行)
비행을 저지른 한 사람을 교화해 행실을 바꾸게 하는 것.

도일수계제자(度一受戒弟子)
한 수계 제자(세례 신자)를 제도하는 것.

완취일인부부(完聚一人夫婦)
부부간에 별거, 이혼, 싸움, 파탄의 불화를 화해시켜 다시 살게 하는 것.

수양일무주유기문해(收養一無主遺棄門孩)
주인 없이 버려진 아이를 데려다 기르는 것.

성취일인덕업(成就一人德業)
한 사람의 덕을 이루도록 도와주는 것.

50점짜리 공덕 (准五十功)

면타일태(免墮一胎)
낙태를 면하게 하는 것.

당욕염경 수정불염(當欲染境 守正不染)
욕망에 빠지려는 처지에 부딪쳐서도 정도(正道)를 지키고 빠지지 않는 것.

수양일무의(收養一無倚)
의지할 데 없는 사람을 거두어 양육하는 것.

장일무주해골(葬一無主骸骨)
주인 없는 해골 하나를 거두어 장례 지내는 것.

구면일인류리(救免一人流離)
한 사람이 유랑을 모면토록 구해주는 것.

구면일인군도중죄(救免一人軍徒重罪)
한 사람이 유배나 충군(充軍)·도형(徒刑: 징역) 등의 중죄를 짓지 않도록 구해주는 것.

백일인원(白一人寃)
한 사람의 원한을 씻어(밝혀)주는 것.

발일언리급백성(發一言利及百姓)
좋은 말 한 마디로 백성을 이롭게 하는 것.

백점짜리 공덕 (准百功)

구면일인사(救免一人死)
한 사람 죽음을 구해주는 것.

완일부녀절(完一婦女節)
한 여자의 정절을 지켜주는 것.

저인불닉일자녀(沮人不溺一子女)
한 자녀를 물에 빠뜨려 죽이려는 것을 막는 것.

위인연일사(爲人延一嗣)
한 사람의 후사(자손)를 이어주는 것.

1점짜리 죄과 (准一過)

몰일인선(沒一人善)
사람의 선을 한번 몰수(방해)하는 것.

사일인투(唆一人鬪)
사람의 싸움을 한번 교사(선동)하는 것.

심중암거악의해인(心中暗擧惡意害人)
마음속에 은밀히 남을 해칠 악의를 품는 것.

조인위비일사(助人爲非一事)
남이 한 가지 나쁜 일을 하도록 조장하는 것.

견인도세물불저(見人盜細物不沮)
남이 조그만 물건 훔치는 걸 보고도 막지 않는 것.

견인우경불위(見人憂驚不慰)
남이 근심하고 놀라는 것을 보고도 위로하지 않는 것.

역인축 불련피돈(役人畜, 不憐疲頓)
남의 가축을 부리면서, 가축이 피곤하고 힘든 것을 동정하지 않는 것.

불고인취인일침일초(不告人取人一針一草)
말하지 않고서 남의 바늘이나 풀 하나라도 취하는 것.

유기자지(遺棄字紙)
글씨가 써진 종이를 버리는 것.

폭기오곡천물(暴棄五穀天物)
오곡이나 하늘이 주신 사물(천연물)을 함부로 내버리고 방치하는 것.

부일약(負一約)
한번 약속을 어기는 것.

취범일인(醉犯一人)
취해서 사람을 한번 침범하는 것.

견일인기한불구제(見一人饑寒不救濟)
한 사람의 굶주림과 추위를 보고도 구하지 않는 것.

송경차루일자구(誦經差漏一字句)
경전 독송할 때 한 자구를 잘못 읽거나 빠뜨리는 것.

승인걸식불여(僧人乞食不與)
스님이 탁발하는데 주지 않는 것.

거일걸인(拒一乞人)
한 걸인의 구걸을 거절하는 것.

식주육오신 송경등삼보지(食酒肉五辛 誦經登三寶地)
술·고기·오신채를 먹고 경전을 독송하거나 도량에 들어가는 것.

복일비법복(服一非法服)
법복이 아닌 옷을 한번 입는 것.

식일보인지축등육(食一報人之畜等肉)
사람에게 보답할 수 있는 가축의 고기를 먹는 것.

살일세미습화속명(殺一細微濕化屬命), 이급복소파란등사 (以及覆巢破卵等事)
미세한 습생이나 화생(곤충, 벌레)의 생명을 죽이거나, 새집을 뒤집어 알을 깨는 것.

배중수리(背衆受利), 상용타전(傷用他錢)
대중의 공익을 등지고 개인적으로 이득을 취하거나, 남의 재물을 손상하거나 유용하는 것.

부대(負貸)
남에게 빌린 물건(빚)을 돌려주지 않는 것.

부유(負遺)
남이 흘린 물건을 주워 돌려주지 않는 것.

부기탁재물(負寄托財物)
남이 맡긴 물건을 돌려주지 않는 것.

인공시세걸색 교색(因公恃勢乞索, 巧索) 취인일체재물(取人一切財物)
공적인 일을 빙자하거나 권세를 남용하여 남에게 재물을 강요하거나 약취하여 자기 소유로 가지는 것.

폐괴삼보존상이급전우기용등물(廢壞三寶尊像以及殿宇器用等物)
불법승 삼보의 형상이나 도량(법당) 기물 등을 파괴하는 것.

두칭등소출대입(斗秤等小出大入)
저울이나 되(도량형)를 내줄 때는 작은 용량으로, 받을 때는 큰 용량으로 달리 써서 차액을 챙기는 것.

판매도도어망등물(販賣屠刀魚網等物)
도살용 칼이나 어망 등을 파는 것.

자'배중수리'이하(自'背衆受利'以下), 구이백전위일과(俱以百錢爲一過):
'배중수리' 항목부터 아래로, 재물을 해치는 경우에는 그 가액으로 백전을 1점의 죄과로 한다.

3점짜리 죄과 (准三過)

진일역이언(嗔一逆耳言)
귀에 거슬리는 말을 듣고 화를 내는 것.

괴일존비차(乖一尊卑次)
위아래의 차례(장유질서)를 어기는 것.

책일불응책인(責一不應責人), 파일인악(播一人惡)
책망하지 않아야 할 사람을 책망하거나, 한 사람의 잘못을 퍼뜨리는 것.

양설이간일인(兩舌離間一人)
두 말로써 사람을 이간질하는 것.

기광일무식(欺誑一無識)
무식한 사람을 속이는 것.

훼인성공(毁人成功)
남이 공덕 이루는 걸 방해하는 것.

견인유우(見人有憂), 심생창쾌(心生暢快)
남의 근심걱정을 보고 마음속으로 통쾌히 여기는 것.

견인실리실명(見人失利失名), 심생환희(心生歡喜)
남이 이익이나 명예 잃는 것을 보고 마음속으로 기뻐하는 것.

견인부귀(見人富貴), 원타빈천(願他貧賤)
남이 부귀한 것을 보고, 그가 망해 빈천해지기를 바라는 것.

실의첩원천우인(失意輒怨天尤人)
일이 뜻대로 안 되면 이내 하늘을 원망하거나 남을 탓하는 것.

분외영구(分外營求)
자기 분수 밖의 것을 탐하고 구하는 것.

5점짜리 죄과(准五過)

산방일체정법경전(訕謗一切正法經典)
일체 정법과 경전을 비방하고 험담하는 것.

견일원가백불백(見一寃可白不白)
풀어줄 만한 억울한 사정을 보고도 풀어주지 않는 것.

우일병구구불구(遇一病求救不救)
한 병자가 구해달라고 청하는데도 구해주지 않는 것.

저절일도로교량(沮絶一道路橋梁)
한 도로나 교량을 막거나 끊어버리는 것.

편찬일상화사전(編纂一傷化詞傳)
교화(미풍양속)를 해치는 글이나 말을 만들어 퍼뜨리는 것.

조일혼명가요(造一渾名歌謠)
명예를 훼손하는 가요(유언비어)를 만들어 퍼뜨리는 것.

악구범평교(惡口犯平交)
험담으로 좋은 사이를 깨뜨리는 것.

살일무력보인지축명(殺一無力報人之畜命)
사람에게 보답할 수 없는 가축 한 마리를 죽이는 것.

비법팽포생물(非法烹炮生物), 사수극고(使受極苦)
적절한 방법에 의하지 않고 생물을 삶거나 구워 죽여 극도로 고통을 받게 하는 것.

10점짜리 죄과(准十過)

배빈일유덕인(排擯一有德人)
덕망 있는 사람을 배척하고 따돌리는 것.

천용일비인(薦用一匪人)
나쁜 사람을 천거하여 등용시키는 것.

평인일총(平人一塚)
남의 무덤 하나를 깎아내 평지로 만드는 것.

능고핍과(凌孤逼寡)
고아를 능욕하거나 과부를 핍박하는 것.

수축일실절부(受畜一失節婦)
절개 잃은 한 부녀자를 받아 거느리는 것.

축일살중생구(畜一殺衆生具)
중생을 죽일 수 있는 기구를 하나 갖춰두는 것.

악어향존친사장양유(惡語向尊親師長良儒)
존친·스승·훌륭한 선비에게 악담하는 것.

수합해인독약(修合害人毒藥)
남을 해칠 수 있는 독약을 만들거나 조제하는 것.

비법용형(非法用刑)
관리가 죄수에게 불법 고문을 가하는 것.

훼괴일체정법경전(毁壞一切正法經典)
모든 정법 경전을 훼손하거나 파괴하는 것.

송경시(誦經時), 심중잡상악사(心中雜想惡事)
경전 읽을 때 마음속에 잡다하게 나쁜 일을 생각하는 것.

이외도사법수인(以外道邪法授人)
사이비 외도나 간사한 법을 남에게 전수하는 것.

발훼덕지언(發毀德之言)
덕을 훼손하는 말을 내뱉는 것.

살일유력보인지축명(殺一有力報人之畜命)
사람에게 보답할 힘이 있는 가축을 한 마리 죽이는 것.

30접짜리 죄과(准三十過)

조방오함일인(造謗汚陷一人)
근거 없는 비방을 지어 한 사람의 명예를 훼손하거나 모함하는 것.

적발일인음사여행지사(摘發一人陰私與行止事)
남이 혼자 은밀히 어떤 나쁜 짓을 하려다 뉘우쳐 그만둔 일을 적발하여 떠벌리는 것.

사일인송(唆一人訟)
한 사람에게 소송을 교사하는 것.

훼일인계행(毀一人戒行)
한 사람의 청정한 계율 수행을 훼방 놓는 것.

반배사장(反背師長)
스승과 어른을 배반하는 것.

저촉부형(抵觸父兄)
부모 형제에게 거역·반항하는 것.

리간인골육(離間人骨肉)
사람의 골육친족을 이간질하는 것.

황년적돈오곡 불조좌색(荒年積囤五穀, 不糶坐索)
흉년에 오곡을 사재기해 폭리를 취하는 것.

50점짜리 죄과(准五十過)

타일태(墮一胎)
한번 낙태하는 것.

파일인혼(破一人婚)
한 쌍의 결혼을 깨뜨리는 것.

포일인해(抛一人骸)
한 해골을 내버리는 것.

모인처녀(謀人妻女)
남의 아내나 딸을 가로채려 꾀하는 것.

치일인류리(致一人流離)
한 사람을 못살게 굴어 떠돌게 만드는 것.

치일인군도중죄(致一人軍徒重罪)
한 사람에게 충군(充軍)이나 유배·도형(徒刑: 징역)의 중죄를 짓게 만드는 것.

교인불충불효대악등사(敎人不忠不孝大惡等事)
한 사람에게 불충·불효나 큰 죄악을 짓게 교사하는 것.

발일언해급백성(發一言害及百姓)
한 마디 말로 백성에게 해를 끼치는 것.

백 점짜리 죄과 (准百過)

치일인사(致一人死)
한 사람을 죽게 만드는 것.

실일부녀절(失一婦女節)
한 부녀의 정절을 잃게 하는 것.

찬인닉일자녀(讚人溺一子女)
다른 사람이 한 자녀를 물에 빠뜨려 죽임을 찬조하는 것.

절일인사(絶一人嗣)
한 사람의 후사를 끊는 것.

※ 선악은 본디 상대적이기 때문에, 1공(功)이 되는 선행의 반대가 되는 일은 1과(過)의 악행이 되고, 10과(過)의 반대가 되는 선행은 10공(功)이 됩니다. 따라서 선을 행하지 않으면 곧 죄악을 범하는 일로 여기고, 적극 향상 분투해야 합니다. 맹자도 도(道)란 두 가지인데, 인(仁: 善)과 불인(不仁: 不善, 惡)일 뿐이라고 강조합니다. 학문도 물을 거슬러 올라가는 배와 같아

서, 앞으로 나가지 않으면 곧 뒤로 휩쓸려 밀려나는데, 하물며 도덕 수행이야 말할 필요가 있겠습니까?

우리가 앞으로 돌진하면, 그 속도에 비례하여 상대적인 역풍(逆風)이 일어 저항해 오는 것이, 자연계의 '작용과 반작용의 법칙'입니다. 역풍의 저항을 이겨낼 능력과 용기가 있는 자만이 고속의 전진을 계속할 수 있습니다. 예컨대, 차나 기차, 비행기와 같은 고속의 교통수단은 자신이 내는 속도에 비례하여 증대하는 공기의 마찰로 인한 열과 압력을 견뎌낼 수 있는 강인한 소재로 만들어야 운행할 수 있습니다. 더욱이 우주 항공 로켓이나 미사일은 정말 가벼우면서도 질긴 특수 소재가 아니면 발사 자체가 불가능하겠지요!

우리의 심성과 정신도 마찬가지입니다. 어떠한 역풍이나 외압, 비방, 마장에도 견딜 수 있는 강인한 정신력을 단련해야 고도의 수행경지에 이를 수 있습니다. 그게 바로 불교에서 말하는 중생인(衆生忍)과 법인(法忍)의 인력(忍力)입니다. 대승보살은 무생법인(無生法忍)까지 얻어야 세속홍진의 사바고해를 자유자재로 노닐며 중생을 제도할 수 있다고 합니다. 마치 우주 태공(太空)을 항행(航行)하는 로켓처럼 말입니다. 그러나 도덕정신 수행의 초기 단계에서는, 선악의 흑백 논리를 철저히 믿고 따라도 좋습니다. 높은 경지에 이르면, 저절로 선악과 시비를 초월하는 무위자연(無爲自然)이 나타나게 됩니다.

공과격의 내용은 4,5백 년 전의 것이라, 시대에 맞지 않거나, 현대 산업사회에서 구체로 실행하기 어려운 점이 많을 수밖에 없습니다. 다만, 각자 마음을 열고, 지혜의 눈으로 잘 읽고 음미해 보세요. 그러면 그 안에 시대를 초월하여 변하지 않는 영원한 도덕정신을 발견할 수 있으며, 또한 그 조목 그대로 현재까지 적절한 지침으로 활용할 수 있는 내용도 적지 않을 것입니다. 수치화한 선악의 경중도 너무 집착할 것은 못 되지만, 때로는 양이 질을 변화시키는 경우도 있으니, 참고할 가치가 있습니다.

    여기에 소개한 내용을 참조하여, 각자 자기에게 적합한 수양의 표준 지침(功過格)을 만들어 실천해봄 직하지 않습니까?

- 옮긴이 寶積 居士 合掌

부록

【부록1】

녑운대(聶雲臺) 선생의
경심재 수필(耕心齋隨筆)

일전에 담조암(譚祖盦) 선생과 담론하다가, 업장(業障)과 운명의 이치를 언급하게 되었는데, 선생이 이렇게 말하였다.

"사주팔자의 운명 이치는 지극히 난해하여, 아득하다고 말할 수 있는데, 그 가운데도 기묘하게 적중하는 바가 있소."

이에 내가 "선생의 부친인 문근공(文勤公)께서는 사주팔자로 뽑은 평생 운명이 모두 영험했다는데, 사실입니까?"라고 물었다. 그러자 선생은 '그렇다'고 긍정하며, 다음과 같이 대답하였다.

"선친(先親) 문근공께서 태어나 겨우 세 살 되었을 때, 선조부(先祖父)께서 외지(外地) 몽관(蒙館)[33]에서 학생들을 가르치고 있었는데, 1년 봉급 수입이 겨우 1만(一萬) 정도에 불과하

---

33) 몽관(蒙館): 몽학(蒙學)이라고도 부르며, 아동에게 계몽성 기초교육을 실시하던 과거의 소학(小學). 우리나라 시골 서당에 상당함.

였소. 때마침 친구 중에 운명 철학을 잘하는 사람이 있어서, 그분께 문근공의 사주팔자를 풀어 운수 좀 봐달라고 청하였다오.

그때 기록한 종이는 백여 년이 지난 지금도 여전히 간직하고 있는데, 어느 해에 입학하고 과거에 합격하며 진사가 된다는 기록들이 모두 영험하게 적중하였소. 다만, 한림학사(翰林學士)를 배수(拜受)한 것은, 지현(知縣: 현감)이 될 것이라고 기록하여, 약간의 오차가 생겼소. 그러나 양자 모두 7품(七品) 벼슬인 점은 같지 않소? 그 뒤 어느 해에는 절강(浙江)에 있고, 어느 해에는 섬서(陝西)에 있을 것이라는 기록도 모두 기이하게 영험하였소. 또 68세에 귀향할 것이라는 예언도 적중하였다오.

그리고 마지막에 72세에 수명이 다할 것이라고 적은 뒤, '만약 음덕(陰德)이 있다면 수명이 1기(一紀: 12년) 동안 연장할 것이다.'라는 조건을 덧붙였다오. 그 후 72세 때에 과연 큰 병이 들어 거의 일어나지 못하는 줄 알았으나, 갑자기 병이 나아 정말 84세에 임종하셨소. 그러니 이 또한 더욱 신기하게 영험하였소."

이걸 보아도 인과서(因果書: 인과응보 법칙을 기록한 서적)에서 음덕이 1기(一紀: 12년)의 수명을 연장한다고 기록한 학설은, 진실로 존재함을 알 수 있다. 또 지난해에는 진교원(陳教原) 선생이 이렇게 말하는 것을 들었다.

"옛날 한 꿈에 오른쪽에 중승(中丞: 관직 명칭)이라고 적힌 한 존귀한 사람이 나타나, 붕후(馮煦: 진교원 선생의 知人인 듯)가 1기(一紀: 12년)의 수명을 더 누릴 것이라고 일러주었네. 당시 꿈에 언급한 노인은 73세의 연세로, 큰 병에 걸려 임종이 가까운 듯하였네. 그러나 과연 병이 나아, 작년에 비로소 별세하기까지 꼭 12년을 더 장수하였다네."

나는 운명철학이 대수(代數)와 동일한 이치라고 생각한다. 후자는 부호 등의 문자로 수(數)를 대신하지만, 전자는 간지(干支: 사주팔자를 표시하는 天干地支)로써 인간사(人間事)를 대신한다. 숫자는 10개뿐이지만, 순열과 상호 가감승제(加減乘除)를 통해 무한량의 변수(變數)에 이른다. 인간사는 원래 매우 복잡한데, 거기다가 서로 조합(組合)을 통해 또한 무한량의 변상(變相: 변화하는 모습)을 이룬다. 그러나 이는 결국 소극적인 생사의 범주 안에서 길흉화복(吉凶禍福)을 나타내는 데 지나지 않는다.

운명철학가들은 팔자의 간지로 처자(妻子)나 재산·관직 등을 대신하기도 하고, 또는 각각 한 가지 일씩 대신하기도 한다. 그래서 오행(五行: 金木水火土)의 상생(相生: 木生火, 火生土, 土生金, 金生水, 水生木) 및 상극(相克: 木克土, 土克水, 水克火, 火克金, 金克木)의 원리를 가지고 영욕(榮辱)과 흥망성쇠·길흉화복·생사의 운수를 얻는 것이다. 나아가 국부적인 영역에서도, 또한 간지의 조합 안배에 따라 구하면 명백히 부합하게 된다.

그러나 결국 한 글자로 동시에 몇 가지 일을 대신하기 때문에, 대수(代數)에서 한 글자가 한 숫자를 대신하는 것처럼 명백히 확정할 수는 없다. 또한 만사가 상생 상극하는 소극적 모습은, 복잡하고 변화무상한 게 산술(算術)보다 훨씬 심하다. 그래서 때때로 오차가 생기는 것을 완전히 피할 수는 없다. 그러나 두뇌가 냉정하고 심성이 침착한 운명철학가는 결국 10분의 8~9 정도를 적중시킬 수 있다.

무릇 운명철학은 바로 과학과 같아서, 그 방법에 따라 배열·산출하는 자는 각기 얻은 정식(程式)이 모두 같게 된다. 내 친구 중에 몇 사람이 이 도(道)에 정통하였는데, 그들이 말하는 것이 대부분 기묘하게 적중하는 걸 보았다. 그런데 그들은 모두 스스로 책을 보아 그 방법을 통달했을 뿐, 그 어느 누구도 스승에게 배운 적이 없다. 정해진 방법에 따라 그 운수를 산출할 수 있다면, 이것이 과학이 아니겠는가?

나는 일찍이 업장운명설(業障運命說)을 쓴 적이 있다. 운명이 정해지는 것은 근거가 있고, 그 운명을 마음의 힘(心力)으로 개조하는 것도 근거가 있으며, 또 원료범(袁了凡) 선생의 운명 창조수립(立命)의 학설도 확실하고 정밀하여 타당함을 밝혔다. 또한 담조암 선생이 음덕으로 수명이 늘어났다고 말해준 두 사람의 실화도, 모두 예언이 영험하게 적중한 것이다.

그러니 옛사람들이 기록으로 전하는 이러한 종류의 기사(記事)가, 결코 헛되거나 거짓되지 않음을 알 수 있다. 나아가 료범 선생이 운명을 개조한 전기(傳記)가 진실하여 신빙성 있음도 증명해 준다. 이와 같이 추론한다면, 4품 관직이 1품으로 바뀌고, 지현(知縣: 현감)이 한림학사(翰林學士)로 변한 것들은, 어찌 모두 음덕으로 운명을 개조한 실례가 아니겠는가?

나도 처음에는 운명철학을 믿지 않고, 보통 사람들이 운명철학을 믿지 않고 회의(懷疑)하는 데 적극 동조하였다. 그러나 지난해 선군(先君: 先親)의 사주팔자가 기묘하게 영험하고, 규락(奎樂) 제군(制軍: 總督의 별칭)의 사주팔자도 기이하게 부합하며, 그밖에 각종 증험(證驗)이 적지 않음을 보고서, 비로소 이것이 진실로 정확한 근거가 있음을 알게 되었다.

근래에는 불학(佛學)을 연구하면서, 업장과 운명이 모두 자기로부터 만들어지는데, 오직 본래 근원처(根源處)를 향해 노력하면 된다는 것을 알았다. 운명을 개조할 수 있는 줄 안다면, 이를 마음에 깊이 새기고 실행해 나가야 할 것이다. 더욱이 눈앞의 안일에 빠져 구차하게 허송세월해서는 절대 안 된다.

【부록2】

유정의(兪淨意) 선생이
조왕신(竈王神: 부뚜막신)을 만난 실화 기록

명(明)나라 가정(嘉靖: 世宗의 연호, 1522~1567 在位) 때에 중국 강서(江西) 지방에 유공(兪公)이 있었다. 휘(諱: 이름)는 도(都)고, 자(字)는 양신(良臣)이었다. 재주가 뛰어나고 박학다식하여, 18세에 제생(諸生: 明·淸代에 官學에 이미 입학한 生員을 가리킴)이 되었는데, 매번 시험 볼 때마다 반드시 우등을 차지하였다.

장년(壯年)이 되어서는 집안이 가난하여 학생들을 가르쳤는데, 동학(同學) 10여 명과 함께 문창사(文昌社)를 결성하였다. 그래서 글자와 종이를 아끼고, 동물을 방생(放生)하며, 사음(邪淫)·살생·구업(口業)[34] 등을 범하지 않도록 계율을 지켰다.

그러기를 몇 년간 계속하는 동안, 전후 일곱 차례 과거에

---

34) 구업(口業): 입으로 짓는 죄악으로, 불교에서는 악구(惡口: 험담·욕설)·망어(妄語: 거짓말)·기어(綺語: 번지르르한 말·음담패설)·양설(兩舌: 이간질하는 말)의 네 가지를 꼽음.

응시했으나 번번이 낙방하고, 다섯 아들을 낳았으나 넷은 병으로 요절하였다. 셋째 아들은 왼쪽 발바닥에 검은 점이 둘 있었는데, 몹시 총명하고 재주가 뛰어났다. 그래서 부부가 집안의 보배로 여겼으나, 여덟 살 되던 해에 동네에서 놀다가 잃어버려, 간 곳을 알 수가 없었다. 또 딸은 넷을 낳았는데, 겨우 하나만 생존하였다. 그리하여 그 아내는 자녀들 때문에 어찌나 슬피 울었는지, 마침내 두 눈이 모두 실명(失明)하였다. 유공(兪公)도 실의에 잠겨, 해가 갈수록 빈곤이 더욱 심해졌다.

스스로 자신을 되돌아보면 큰 허물은 없는데, 너무나 참혹한 천벌(天罰)을 받는 것같이 여겨졌다. 그래서 40세가 넘어서는 매년 섣달 그믐날, 노란 종이에 상소문(黃疏)을 스스로 적어 조왕신(竈王神: 부뚜막신)께 불살라 바치면서, 그 뜻을 천상 옥황상제(玉皇上帝)께 올려달라고 기도하였다. 이러기를 수년간 계속했으나, 역시 아무런 보답이나 감응이 없었다. 47세 되던 해, 섣달 그믐날 밤(除夕)에 눈 먼 아내랑 한 딸과 함께 앉아 있는데, 온 방안이 소슬하고 처량하기 짝이 없어, 서로 위안할 따름이었다.

그때 홀연히 문 두드리는 소리가 들려, 유공(兪公)이 촛불을 들고 나가 보았다. 문 앞에는 각건(角巾: 옛날 隱士들이 항상 머리에 두르던 모서리 있는 頭巾)을 쓰고 검은 옷을 입은 한 선비가 서 있는데, 머리와 수염은 반쯤 희끗희끗하였다. 서로 공경을 갖춰 예를 올리고 자리에 앉았는데, 그가 이렇게 말하였다.

"내 성은 장(張)씨인데, 먼 길에서 되돌아오다가 집안에서 수심(愁心)에 가득 찬 한탄소리가 들려오기에, 특별히 위로하러 들렀소."

유공은 마음속으로 그 사람을 특이하게 여기고, 더욱 공경을 다해 예의를 갖췄다. 그리고 자신이 평생 글공부와 선행에만 매달려왔음에도 불구하고, 지금까지 부귀공명을 이루기는커녕, 처자식도 온전하지 못하고, 의식주도 제대로 잇지 못할 형편임을 탄식했다. 그리고 몇 년 동안 계속 조왕신께 상소문을 적어 불살라 올린 내력을 소상히 진술했다.

이 말을 들은 장씨 선비가 말했다.

"내가 그대 집안의 일을 아는 지 이미 오래 되었소. 그대는 악의(惡意)가 몹시 중하고, 오로지 부질없는 헛된 명예에만 힘쓰고 있소. 그러면서 상소문 올리는 종이에는 온통 하늘 원망과 남 탓이 가득하여, 옥황상제를 모독하고 있소. 그러니 아마도 천벌이 이 정도에 그치지 않을까 걱정스럽소."

이에 유공이 대경실색하여 물었다.

"제가 듣기로, 그윽한 유명(幽冥) 중에 터럭 끝만한 선행도 반드시 기록한다고 합니다. 저는 선한 일을 실행하기로 서원(誓願)한 뒤, 그 조목을 성의껏 준수해 온 지 이미 오래 되었습니다. 그런데 어찌 모두 헛된 명분에 불과하다고 하십니까?"

그러자 장씨 선비가 이렇게 대답하였다.

"가령 그대가 실행하는 글자와 종이 아끼는(惜字) 한 조목

만 봅시다. 그대의 학생이나 동료들 중에 많은 사람이 묵은 책이나 문서 종이를 사용하여 벽을 바르고 물건을 싸며, 심지어 그것으로 탁자를 훔치기도 하면서, 더럽히지 않는다는 구실로 불사르기 일쑤요. 그런데 그대는 이러한 일을 매일같이 친히 보면서도, 한 마디도 타이르지 않고 그냥 소홀히 넘어가오. 단지 길가에 떨어진 글자 쓰인 종이를 보면, 주워다 불사르는 정도에 불과하오. 그러니 그게 무슨 보탬이 되겠소?

또 그대가 결성한 문창사(文昌社)에서 매달 방생(放生)을 실시하지만, 그대는 대중이 하는 일에 따라 분주히 움직이며, 남들 틈에 끼어 방생의 일을 성취할 뿐이오. 만약 다른 사람들이 일을 거행하지 않는다면, 그대도 또한 따라서 그만둘 게 뻔하오. 사실 자비의 염원(念願)이 마음속에서 조금도 일지 아니하기에, 그대 집에서는 새우나 게 종류가 줄곧 주방에 오르는데, 그들은 생명이 아니란 말이오?

그리고 구업(口業)의 조목을 봅시다. 그대는 말이 기민하고 재기 발랄하여, 듣는 사람들이 자못 그대에게 매료하곤 하오. 그런데 그대가 그때 입 밖으로 내는 말이 남의 마음을 몹시 상하게 하는 줄 그대도 속으로 잘 알면서, 다만 친구간의 대화에 습관적으로 분위기에 따라 비방과 조소를 그칠 줄 모르오. 그러니 혀끝으로 내뱉는 말이 귀신의 분노를 촉발하여, 무의식중에 죄악이 얼마나 쌓이는지 알 수 없을 정도라오. 그런데도 오히려 간소하고 후덕하다고 자처하니, 자신이 누구를 속인단 말이오? 하늘을 속일 것이오?

　사음(邪淫)은 비록 실제 행적이 없긴 하오. 하지만 그대는 남의 집 어여쁜 부녀자를 만나면, 으레 눈으로 빤히 바라보면서, 마음이 살랑살랑 흔들려 차마 떠나보내지 못하오. 단지 사악한 인연이 서로 맺어지지 않았을 따름이오.[35] 그대 자신이 만약 그러한 사악한 인연이 맺어질 수 있는 상황에 처했을 때를 한번 생각해 보시오. 정말로 (비 오는 밤에 길을 가던 미녀가 비를 피해 하룻밤 묵게 해 달라고 구원을 청했을 때, 홀로 살기 때문에 남녀 분별의 예의상 딱한 처지를 받아 줄 수 없다고 거절했던) 로(魯)나라의 결백한 선비와 같을 수 있겠소? 그러면서도 스스로 종신토록 사음의 기색이 없다고 말한다면, 천지신명께 대해 정말로 망령스런 짓이라고 할 것이오.

　그대가 서원을 발하고 실행한다는 덕목들이 오히려 이와 같을진대, 하물며 그 밖의 일들은 말할 필요가 있겠소? 사실 그대가 매년 불살라 올린 상소문은 모두 천상(天上)에 품달(稟達)하여, 옥황상제께서 지상(地上)을 유람하는 사신에게 그대의 선악을 관찰하도록 명하시었소. 그런데 수년간 특기할 만한 선행은 하나도 없고, 오직 홀로 사사로이 거처하는 가운데, 그대의 마음에 나쁜 생각만 품고 있소.

　탐욕심, 사음심(邪淫心), 질투심, 편협심, 조급심, 자기만 높

---

35) 여자를 보고 사악한 생각을 품는 순간, 이미 마음속으로 간음의 죄를 범하는 것이라고 훈계한 예수의 말을 참조. 마태복음 5 : 28.

이고 남은 낮추는 교만심, 현재에 충실하지 않고 과거의 추억을 회고하는 데 집착하거나 미래의 희망에 대한 부푼 기대만 품는 허영심, 은혜와 원한을 분간하여 반드시 갚으려는 복수심, 이런 마음만 가슴속에 뭉게뭉게 꽉 차 있어 이루 다 헤아릴 수 없소. 이러한 온갖 나쁜 생각(惡意)이 마음속에 굳게 맺혀, 신명의 기록도 이미 너무 많아졌소. 그래서 천벌이 날로 심해지니, 그대가 재앙을 피할 겨를도 없거늘, 어떻게 복 받기를 바랄 여유가 있겠소?"

이 말을 들은 유공이 경악과 황송을 금치 못하고, 땅바닥에 엎드려 눈물을 흘리며 간청했다.

"당신이 유명(幽冥)의 일을 이처럼 훤히 통달한 것을 보면, 반드시 존귀한 신명임에 틀림없습니다. 원컨대, 이 몸을 구제해 주시길 간청합니다."

이에 장씨 선비가 말하였다.

"그대는 책을 읽어 사리에 밝고, 또한 선행을 흠모하여 즐거움으로 여길 줄도 아오. 착한 말을 한 마디 들을 때면 격정을 이기지 못할 정도로 기뻐 힘쓰며, 착한 일을 한 가지만 보아도 어쩔 줄 모르며 춤추오. 다만 조금만 지나면 금방 잊어버리는 것이 결정적인 흠이오. 믿음의 근기(信根)가 본래 깊지 못하여, 항심(恒心)이 견고하지 못하기 때문이오.

평생 행한 선량한 말과 행실이 모두 성의 없는 형식상의 겉치레로 오락가락하였으니, 어떻게 그동안 한 가지 일이라도 착실(着實)한 게 있기를 기대하겠소? 또한 가슴속 가득히 사악한 생각으로 기복(起伏)이 끊이지 않으면서도, 오히려 하늘의 좋은 보답을 받기만 바라고 있소. 이는 마치 온 천지에 가시나무 씨를 뿌려 놓고서, 어리석게도 훌륭한 벼를 수확하기 바라는 것과 같소. 그러니 이 어찌 크나큰 미혹과 오류가 아니리오?

그대는 오늘 이후로, 심성에 물든 모든 탐욕과 사음과 허장성세와 잡념망상을 먼저 용맹스러운 의지력으로 아주 깨끗하고 말끔하게 제거하시오. 그런 뒤 오직 일념(一念)으로 선(善)만 향하도록 하오. 만약 실행할 만한 선행이 있거든, 보답을 바라거나 명예를 꾀하지 말며, 크고 작음이나 쉽고 어려움을 따지지 말고, 혼자 착실하고 끈기 있게 묵묵히 실천해 가시오. 만약 자신의 능력으로 실행할 수 없는 경우에는, 그 선량한 뜻이 원만히 이루어질 수 있도록, 간절하고 부지런히 최선의 노력을 다 하시오.

첫째는 인내심이고, 둘째는 영원심(永遠心; 恒常心)이오. 절대로 스스로 게으름 피우거나 자기 양심을 속이면 안 되오. 꾸준히 오랫동안 실행하다 보면, 저절로 예측하지 못한 효험이 나타날 것이오. 그대 집안이 나를 섬김에 몹시 경건하고 정결하기에, 내가 특별히 이러한 뜻을 전해 보답하는 것이오. 그러니 한시바삐 힘써 지킴으로써, 하늘의 뜻을 돌이킬 수 있길 바라오.

말을 마치자, 그는 곧바로 유공의 안방(內室)으로 들어갔다. 유공이 일어나 그를 뒤따라 나가보니, 부엌 아래에 이르러 홀연히 자취를 감추었다. 이에 바야흐로 그가 집안의 화복(禍福)을 관장하는 조왕신인 줄 알고, 곧장 향을 사르고 큰 절(叩頭)을 올려 감사 드렸다. 그리고 다음날 아침 설날(元旦)에 천지신명께 절하고 기도드리면서, 지금까지 저지른 잘못을 고치고 선행을 착실히 실천할 것을 서원하였다. 그와 동시에 스스로 자신의 호(號)를 '정의도인(淨意道人)'이라고 지어, 모든 망령된 생각을 깨끗이 제거한다는 서원의 의미를 표시하였다.

처음 실행할 때는 잡념망상이 어지럽게 일어나, 의심하지 않으면 게을러지기 일쑤였다. 그렇게 세월만 속절없이 빨리 지나버려, 금방 예전처럼 세파에 휩쓸리고 말았다. 이에 집안에 모시고 공양 올리는 관음대사(觀音大士: 관세음보살의 별칭) 형상 앞에서 피가 흐르도록 고두(叩頭: 五體投地)의 예(禮)를 올리며, 공경을 다해 굳은 서원을 발하였다.

"원컨대, 선한 생각이 영원히 순수해지며, 선한 의지력으로 용맹 정진하여, 가령 터럭 끝만큼이라도 자신을 너그러이 눈감아주는 일이 있다면, 영원히 지옥에 떨어지게 하소서!"

그리고 매일 새벽 대자대비(大慈大悲) 관세음보살의 존호(尊號)를 일백 번씩 경건히 염송(念誦)하여, 음계(陰界: 無形神明)의 보우(保祐)를 기원하였다.

이때부터 일거수일투족(一擧手一投足)은 물론, 말 한 마디 한

순간 생각까지 항상 귀신이 옆에 있는 것처럼 행하며, 감히 속이거나 방자해지는 일이 없었다.[36] 무릇 사람에게 도움이 되거나 사물에 유익한 것은, 일이 크거나 작거나, 자신이 한가하거나 바쁘거나, 남이 알거나 모르거나, 능력이 미치거나 못 미치거나 여부를 가리지 않고, 모두 한결같이 환희심(歡喜心)으로 봉행하되, 은밀하고 완곡하게 그 일을 성취한 다음에야 그치곤 했다.

인연에 따라 적절한 방편을 활용하여 널리 음덕(陰德)을 심고, 만나는 사람마다 돈독한 인륜(敦倫), 근면한 학업(勤學), 겸허와 인욕, 그리고 인과응보의 원리로써 인도하고 교화하기에 힘써, 해(日)가 모자람이 안타까울 지경이었다. 매달 그믐날에는 한 달 동안 실행한 일과 권장한 말들을 집계하여, 조왕신 거처에 상소문을 올렸다. 이렇게 지니고 실행하기가 익숙해지자, 움직이면 곧 만 가지 선행이 저절로 따르고, 멈추면 한 생각(잡념망상)도 일어나지 않게 되었다.

이와 같이 실행하기를 3년이 지나 나이 50세 지천명(知天命)이 되었을 때, 마침 만력(萬曆: 神宗 年號) 2년(1574) 갑술(甲戌)년의 회시(會試: 明淸代 매 3년마다 한 번씩 京城 조정에서 치른 과거)에 장거

---

36) 공자는 "제사를 지낼 때는 조상이 앞에 계신 것처럼, 그리고 신에게 제사를 올릴 때는 신이 앞에 계신 것처럼 한다(祭如在, 祭神如神在)."라는 유명한 말을 했다. 바로 이러한 정성(精誠)과 공경(恭敬)을 의미한다.

정(張居正)37)이 수보(首輔)가 되었다. 장거정이 과거가 끝난 뒤 동향(同鄕)을 방문하여 자기 아들을 위해 스승을 선택하는데, 사람들이 이구동성으로 유공을 천거하였다.

마침내 유공은 경사(京師: 서울)로 올라오라는 초빙을 받아, 딸린 식구(眷屬)들을 데리고 서울에 올라갔다. 장거정은 유공의 덕망과 품성을 공경하여, 예규(例規)에 따라 국학(國學: 國子監)에 입학하도록 배려하였다. 만력 4년(1576) 병자(丙子)년에 경향시(京鄕試)에 응시하여 마침내 급제하고, 이듬해 진사(進士)가 되었다.

하루는 내감(內監: 國子監의 고위 관직) 양공(楊公)을 알현하였는데, 양공이 다섯 아들을 불러내어 유공에게 인사시켰다. 그들은 모두 양공이 노년을 대비하여 자기의 후사(後嗣)로 사방에서 물색한 양자(養子)들이었다. 그런데 그중 한 아들은 나이가 16세로, 그 모습이 유공에게 몹시 낯익은 듯하여, 출신 고향

---

37) 장거정(張居正: 1525~1582): 시호(諡號)는 문충공(文忠公), 자(字)는 숙대(叔大), 호(號)는 태악(太岳), 호광(湖廣), 강릉인(江陵人)인데, 출신 지명을 따라서 장강릉(張江陵)으로 별칭함. 가정(嘉靖) 때 진사(進士)가 되고, 륭경(隆慶) 원년 1567년에 입각(入閣)한 뒤, 목종(穆宗: 隆慶)이 죽자 수보(首輔)가 되고, 만력(萬曆) 초년에 어린 신종(神宗)을 보필하여 10년간 국정을 주도하였음. 유명한 일조편법(一條鞭法)을 실행하여 사회경제 개혁을 성취한 정치가임. 수보(首輔)는 명나라 때 수석대학사(首席大學士)에 대한 관용(慣用) 칭호로서, 수규(首揆)라고도 부름. 특히 가정(嘉靖)·륭경(隆慶)·만력(萬曆) 초기 장거정(張居正)이 집권할 때는, 수보(首輔)가 내각대정(內閣大政)을 주도하여, 그 권한이 막강하였음.

을 물어보았다.

그러자 그는 강우(江右: 揚子江 오른쪽 지방으로 江西를 지칭) 출신으로, 어렸을 적에 잘못하여 양곡을 운반하는 선박에 올라타 그만 길을 잃었는데, 아직도 성씨와 고향마을은 어렴풋이 기억나는 듯하다고 대답하였다. 이에 유공이 몹시 놀라 왼발을 벗어보게 하였더니, 두 검은 점이 완연히 박혀 있었다. 유공이 "이는 내 아들이다."라고 크게 외치자, 양공도 몹시 경탄하며 곧장 그 아들을 유공에게 집에 데려가도록 건네주었다.

유공이 바삐 귀가하여 부인에게 이 사실을 알리니, 부인은 아들을 어루만지며 대성통곡하여 피눈물이 함께 쏟아졌다. 아들 또한 울며 어머니의 얼굴을 얼싸안고 그 눈을 혀로 핥았는데, 그 순간 어머니의 두 눈이 광명(시력)을 회복하였다. 유공은 희비(喜悲)가 교차하여, 관직을 더 이상 맡고 싶지 않았다. 마침내 장공(居正)에게 고향에 돌아가겠다고 사의(辭意)를 아뢰자, 장공도 그 의리를 고상히 여겨 후한 예물을 선사하며 귀향을 허락하였다.

유공은 고향에 돌아와 거주하면서 선행에 더욱 힘썼다. 그 아들은 장가들어 연속 일곱 아들을 낳아 모두 성장시켰는데, 한결같이 책 향기(書香)를 이어 학문하는 선비가 되었다. 이에 유공은 손수 조왕신을 만나 개과천선을 실행하게 된 내력을, 처음부터 끝까지 상세히 기록하여 자손들을 훈계하였다. 그리고 자신은 88세까지 건강하게 장수하는 복을 누렸다.

이에 사람들은 모두 유공이 선행을 실천하여 천상의 보답을 돌이켜 받은 것이라고 칭송하였다.

    [같은 동네(同里) 후학 라정(羅禎)이 기록하다.]

성세(醒世)
세인(世人)을 각성(覺醒)시킴

라염암 (羅念菴)

1.

만사천래막강구(萬事天來莫强求)
만사는 자연스럽게 오도록 억지로 추구하지 말라.
하수고고용기모(何須苦苦用機謀)
어찌 괴롭고 힘들게 잔재주와 꼼수를 쓴단 말인가?
포삼찬반상지족(飽三餐飯常知足)
하루 세 끼 배불리 먹으면 늘 만족할 줄 알고,
득일범풍편가수(得一帆風便可收)
돛단배 한 척에 순풍을 얻으면 거둬들일 만하네.
생사사생하일료(生事事生何日了)
인생살이 생계 좇아 바쁜 고뇌 언제나 마치며,
해인인해기시휴(害人人害幾時休)
남을 해치고 남이 해치는 악순환 어느 때나 그치리?

원가의해불의(寃家宜解不宜結)
원수 집안 원한은 풀어야지 맺히면 안 되나니,
각자회신간후두(各自回身看後頭)
각자 자신을 돌이켜 머리 뒤 좀 쳐다보시게.

2.
감탄인심독사사(堪歎人心毒似蛇)
사람 마음 뱀처럼 악독하여 놀랍기 그지없네.
수지천도전여거(誰知天道轉如車)
하늘(자연)의 도 바퀴처럼 도는 줄 뉘 알랴?
거년망취동린물(去年妄取東鄰物)
작년에 동쪽 이웃집 물건 슬그머니 가져온 것
금일귀환북사가(今日歸還北舍家)
오늘 결국 북쪽 이웃에게 되돌려주고 마는 것을.
분외전재탕발설(分外錢財湯潑雪)
분수 밖의 금전재물은 끓는 물에 흩날리는 눈송이요,
편래전지수퇴사(騙來田地水堆沙)
속여 앗은 토지가옥은 물 위에 모래성 쌓기일세.
약장교휼위생계(若將狡譎爲生計)
만약 교활하고 간사하게 생계만 꾀하려 든다면
흡사조개모락화(恰似朝開暮落花)
아침에 피었다가 저녁에 지는 꽃과 흡사하리라.

계탐(戒貪) 탐욕을 경계함

작자 미상 (闕名)

I

1.
월간월교월빈궁(越奸越巧越貧窮)
간사하고 교활할수록 더욱 빈궁해지나니,
간교원래천불용(奸巧原來天不容)
간교함은 본래 하늘이 용납하지 않네.
부귀약종간교득(富貴若從奸巧得)
부귀영화를 간교함으로 얻을 수 있다면,
세간애한흡서풍(世間獃漢吸西風)
세간의 바보들이 모두 서풍을 마시겠네.

2.
전재유명고래문(錢財有命古來聞)
금전재물에 운명 있음은 예로부터 전해오니,
리욕관두일념분(理欲關頭一念分)
천리(天理)와 사욕의 관문은 한순간 일념에서 갈라지네.

식파차중원유수(識破此中原有數)
이 가운데 원래 있는 분수를 알아차린다면,
자연일소등부운(自然一笑等浮雲)
뜬구름같이 여기고 저절로 한바탕 웃으리.

3.
불결량인여선연(不結良因與善緣)
착하고 좋은 인연은 맺지 않고서,
고탐재리일우전(苦貪財利日憂煎)
재물 이익에 탐닉하여 날로 고뇌만 치성하네.
기지주세금은보(豈知住世金銀寶)
그대가 어찌 세상의 금은 보물을 제대로 알리오?
차이권간수십년(借爾權看數十年)
수십 년간 돌보라고 잠시 빌려준 것일 따름을!

4.
일야무휴지인진(日夜無休只認眞)
밤낮 끊임없이 오직 진실인 줄 알고
략차반점편분쟁(略差半點便紛爭)
반 푼어치만 차이 나도 금방 다투지만
수지일부천대로(誰知一赴泉臺路)
어느 누가 한번 황천길에 올라서면

회파은구저사분(悔把恩仇抵死分)
은혜 원수로 목숨 바침을 후회할 줄 알리요?

5.
점편의처실편의(佔便宜處失便宜)
이익을 보는 곳에 대가를 치르기 마련,
끽득휴시천자지(喫得虧時天自知)
손해를 삼킬 때 하늘이 저절로 아네.
단파차심존정직(但把此心存正直)
단지 이 마음 하나 정직하게 간직하면,
불수필세피인기(不愁畢世被人欺)
종신토록 남에게 속을까 근심하지 않으리!

【부록3】

태상감응편(太上感應篇)

太上曰
태상노군(太上老君: 道敎의 始祖, 老子)께서 말씀하셨다.

禍福無門	화와 복은 따로 문이 없으며,
惟人自召	오직 사람이 스스로 불러들일 따름!
善惡之報	선과 악의 보답은
如影隨形	마치 그림자가 모습을 따르는 것과 같네.
是以天地	이러한 까닭에 하늘땅에는
有司過之神	잘못을 기록하는 신명이 있어,
依人所犯輕重	사람이 저지르는 잘못의 경중 따라
以奪人算	그 사람의 운수(算)를 빼앗는다네.
算減則貧耗	운수가 줄어들면 곧 빈곤해지고
多逢憂患	자주 근심 걱정을 많이 당하며,
人皆惡之	사람들이 모두 그를 싫어한다네.

刑禍隨之	형벌이나 화근이 그를 뒤따르며,
吉慶避之	길함과 경사는 그를 피하지.
惡星災之	흉악한 별이 재앙을 끼치다가,
算盡則死	운수가 다하면 이내 죽으리!
又有三台	또 (장수와 요절을 맡는) 삼태성(三台星)과
北斗神君	(선악 길흉을 맡는) 북두성(北斗星)의 신명이
在人頭上	사람의 머리 위에 지켜보며
錄人罪惡	사람의 죄악을 기록하여,
奪其紀算	그 운수와 수명을 빼앗는다네.
又有三尸神	또 삼시신(三尸神)이 있으니
在人身中	사람의 몸 안에 머물면서,
每到庚申日	매번 (육십 갑자 중) 경신일이 되면
輒上詣天曹	이내 천상에 올라가
言人罪過	그 사람의 죄악과 잘못을 보고하지.
月晦之日	(음력) 매달 그믐날(晦)에는
竈神亦然	부뚜막신(조왕신)도 또한 그렇게 하네.
凡人有過	무릇 사람에게 잘못이 있으면,
大則奪紀	크게는 12년 수명(紀)을 빼앗고,
小則奪算	작게는 백일 운수(算)를 빼앗는데,
其過大小	그러한 크고 작은 허물은
有數百事	수백 가지나 된다네.

欲求長生者	따라서 장수하길 바라는 자는
先須避之	먼저 그러한 허물을 피해야지.
是道則進	올바른 길이면 나아가고,
非道則退	올바른 길이 아니면 물러서며,
不履邪徑	사악한 길은 밟지 않고,
不欺暗室	어두운 방에서도 속이지 않아야지.
積德累功	덕을 쌓고 공을 올리며
慈心於物	만물에 자비심으로 대하소서.
忠孝友悌	충실과 효도, 우애와 공손으로
正己化人	자기를 바로잡고 남을 감화하며,
矜孤恤寡	고아와 과부를 불쌍히 여기고
敬老懷幼	노약자를 따뜻이 보살피소.
昆蟲草木	곤충과 초목 같은 미물이라도
猶不可傷	오히려 다치게 하면 안 된다네.
宜憫人之凶	마땅히 남의 흉함을 연민하고
樂人之善	남의 착함은 즐거워하며,
濟人之急	남의 급함은 도와주고
救人之危	남의 위태로움은 구해줘야 하네.
見人之得	남이 얻는 것을 보면
如己之得	마치 자기가 얻는 것처럼 기뻐하고,
見人之失	남이 잃는 것을 보면
如己之失	마치 자기가 잃는 것처럼 슬퍼하며,

不彰人短	남의 단점을 드러내지 말고
不衒己長	자기 장점을 자랑하지 않으며,
遏惡揚善	죄악은 막고 선행은 선양하며,
推多取少	많은 것은 양보하고 적은 것을 취하며,
受辱不怨	모욕을 당해도 원망하지 않고
受寵若驚	총애를 받아도 놀라 조심하며,
施恩不求報	은혜를 베풂에 보답을 바라지 않고
與人不追悔	남에게 준 것은 후회하지 않는다네.
所謂善人	이른바 착한 사람은
人皆敬之	사람마다 모두 그를 공경하고,
天道佑之	하늘의 도가 그를 보우하며,
福祿隨之	복록이 그를 따르고,
衆邪遠之	모든 사악함이 그를 멀리하며,
神靈衛之	신령이 그를 호위하여,
所作必成	하는 일마다 반드시 성취하고,
神仙可冀	신선이 되는 것도 바랄 수 있네.
欲求天仙者	하늘의 신선이 되고자 하면
當立一千三百善	1천3백 가지 선행을 쌓아야 하며,
欲求地仙者	땅의 신선이 되고자 하면
當立三百善	3백 가지 선행을 쌓아야 하네.
苟或非義而動	더러 도의가 아닌데도 움직이고,
背理而行	이치에 어긋나게 행동하여,

以惡爲能	악함을 능사로 삼고
忍作殘害	차마 잔인하게 해를 끼치며,
陰賊良善	선량한 사람을 은밀히 해치고
暗侮君親	군주와 친족을 몰래 모욕하며,
慢其先生	웃어른과 선배를 업신여기고
叛其所事	자신이 맡은 일을 배반하며,
誑諸無識	무식한 사람들을 속이고
謗諸同學	동학들을 비방하며,
虛誣詐僞	허위와 무고·사기를 일삼아
攻訐宗親	종친의 허물을 들춰내 공격하며,
剛强不仁	억세고 강파르게 어질지 못하고
狠戾自用	사나운 기질로 제멋대로 행동하며,
是非不當	시비 분별이 합당하지 않고
向背乖宜	방향 선택이 적절하지 못하며,
虐下取功	아랫사람을 학대하여 공적을 가로채고
諂上希旨	윗사람에 아첨하여 비위를 맞추며,
受恩不感	은혜를 받고도 감사할 줄 모르고
念怨不休	서운하면 원망을 그치지 않으며,
輕蔑天民	천하 백성을 업신여기고
擾亂國政	국가 정치를 어지럽히며,
賞及非義	공로도 없는데 상을 주고
刑及無辜	죄도 없는데 형벌을 내리며,

殺人取財　　남을 죽여 그 재물을 빼앗고
傾人取位　　남을 밀어내어 그 자리를 차지하며,
誅降戮服　　항복한 사람을 살륙하고
貶正排賢　　올바른 현인군자를 내치며,
凌孤逼寡　　고아와 과부를 업신여겨 핍박하고
棄法受賂　　법을 무시하여 뇌물을 받으며,
以直爲曲　　곧은 것을 굽었다고 하고
以曲爲直　　굽은 것을 곧다고 하며,
入輕爲重　　가벼운 잘못을 무겁게 벌하고
見殺加怒　　죽임을 보고도 분노를 덧보태며,
知過不改　　잘못을 알고도 고치지 않고
見善不爲　　선을 보고도 행하지 않으며,
自罪引他　　자기 죄악에 남을 끌어들이고
壅塞方術　　유익한 약처방과 기술을 가로막으며,
訕謗聖賢　　성현 군자를 비방하고
侵凌道德　　윤리 도덕을 능멸하며,
射飛逐走　　날짐승을 쏘고 길짐승을 뒤쫓으며,
發蟄驚棲　　잠자는 벌레를 파헤치고 깃든 새를 놀래며,
塡穴覆巢　　구멍을 막거나 새집을 뒤져
傷胎破卵　　알을 깨고 새끼를 다치게 하며,
願人有失　　남이 잃어버리기를 바라고
毁人成功　　남이 성공하는 걸 훼방 놓으며,

危人自安　남을 위태롭게 해 자기 평안을 누리고
減人自益　남에게 손해를 끼쳐 자기 이익을 꾀하며,
以惡易好　좋아함을 싫어함으로 바꾸어 대하고
以私廢公　개인감정으로 공평 도리를 폐기하며,
竊人之能　남의 능력을 몰래 훔치고
蔽人之善　남의 선행을 덮어 가리며,
形人之醜　남의 추악함을 드러내고
訐人之私　남의 사생활을 들춰내며,
耗人貨財　남의 재물을 소모하고
離人骨肉　남의 골육을 이간질하며,
侵人所愛　남이 사랑하는 것을 침해하고
助人爲非　남의 비리를 조장하며,
逞志作威　일부러 뜻대로 위세를 부리고
辱人求勝　남을 모욕해 이기려 하며,
敗人苗稼　남의 농작물을 망치고
破人婚姻　남의 혼인을 깨뜨리며,
苟富而驕　구차히 부를 이뤄 교만을 부리고
苟免無恥　요행히 죄를 피해 부끄러움 없으며,
認恩推過　은혜는 자기가 챙기고 잘못은 남에게 미루며,
嫁禍賣惡　재앙은 남에게 넘기고 죄악은 남에게 팔며,
沽買虛譽　헛된 명예를 사들이고
包貯險心　음험한 마음을 품으며,

挫人所長	남의 장점은 꺾어버리고
護己所短	자기 단점은 두둔하며,
乘威迫脅	위세를 틈타 협박을 자행하고
縱暴殺傷	포악을 부려 살상을 저지르며,
無故剪裁	까닭 없이 나뭇가지를 꺾거나 자르고
非禮烹宰	예의에 어긋나게 죽이거나 요리하며,
散棄五穀	오곡을 내버려 낭비하고
勞擾衆生	중생을 귀찮게 건드리며,
破人之家	남의 집안을 파괴하여
取其財寶	그 재물 보배를 가져가고
決水放火	물꼬를 트거나 불을 놓아
以害民居	백성의 거처를 해치며,
紊亂規模	온갖 틀과 본을 어지럽혀
以敗人功	남의 일과 품을 망치고
損人器物	남의 그릇과 물건을 손상시켜
以窮人用	사람이 쓰기 어렵게 만들며,
見他榮貴	남이 존귀하게 영달함을 보면
願他流貶	그가 미움 받아 쫓겨나길 바라고
見他富有	남이 풍요롭게 부유한 걸 보면
願他破散	그가 파산하여 가난해지길 바라며,
見他色美	남의 아름다운 여색을 보면
起心私之	차지하고 싶은 사심을 일으키고

負他貨財	남의 재물을 빌려 빚지면
願他身死	그 사람이 죽기만 고대하며,
干求不遂	찾고 구하는 걸 이루지 못하면
便生呪恨	이내 저주와 원한을 품고
見他失便	남이 편안(편리)함을 잃으면
便說他過	곧 그의 허물을 떠벌리며,
見他體相不具而笑之	남의 몸이나 모습이 불구임을 보면 비웃고
見他才能可稱而抑之	남의 재능이 칭찬할 만큼 뛰어나면 억누르고,
埋蠱厭人	독충을 묻고 남을 혐오해 저주하고
用藥殺樹	약물을 남용하여 초목을 살상하며,
恚怒師傅	스승님께 성내고 화내며
抵觸父兄	부모형제를 들이받으며,
强取强求	재물을 억지로 취하고 일을 억지로 구하며
好侵好奪	침해하길 좋아하고 빼앗길 좋아하며,
擄掠致富	수탈과 노략질로 부유해지고
巧詐求遷	간사한 교활함으로 승진을 꾀하며,
賞罰不平	상과 벌을 불공평하게 시행하고
逸樂過節	안일과 향락이 절도에 지나치며,
苛虐其下	아랫사람을 가혹하게 학대하고
恐嚇於他	남에게 공갈 협박하며,
怨天尤人	하늘을 원망하고 사람을 탓하며
呵風罵雨	바람을 꾸짖고 비를 욕하며,

鬪合爭訟	집단 싸움과 쟁송을 일삼고
妄遂朋黨	망령되이 패거리를 결성하며,
用妻妾語	아내와 첩의 말을 듣고
違父母訓	부모의 가르침을 어기며,
得新忘故	새 것을 얻으면 옛 것을 잊고
口是心非	입으로는 옳은데 마음으론 그르고
	(말로는 동조하는데 속으로는 비난하며),
貪冒於財	재물에 탐착하여
欺罔其上	윗사람을 속이고
造作惡語	악담을 일부러 만들어
讒毁平人	평안한 사람을 헐뜯으며,
毁人稱直	남을 비방하면서 강직으로 자랑하고
罵神稱正	신명을 욕하면서 정기라고 과시하며,
棄順效逆	순리를 저버리고 거역을 본받으며
背親向疏	친족을 등지고 낯선 자를 향하며,
指天地以證鄙懷	천지를 가리키며 비천한 속생각을 증거하고
引神明而鑑猥事	신명을 끌어다가 지저분한 일을 보증하며,
施與後悔	베풀어준 것을 나중에 후회하고
假借不還	빌려온 것을 도로 갚지 않으며,
分外營求	분수에 넘치게 얻으려 꾀하고
力上施設	능력 밖으로 일을 떠벌리며,
淫慾過度	사음한 욕망이 정도에 지나치고

心毒貌慈　마음은 표독한데 겉모습은 인자한 척하며,
穢食餧人　더럽고 상한 음식을 남에게 먹도록 주고
左道惑衆　이단과 사도로 대중을 미혹하며,
短尺狹度　짧은 자(尺)와 좁은 폭,
輕秤小升　가벼운 저울과 작은 되를 가지고
以僞雜眞　허위를 진실에 뒤섞어
採取姦利　부당이득을 간사하게 취하며,
壓良爲賤　양민을 억압하여 천민으로 부리고
謾驀愚人　어리석은 사람을 기만하여 빼앗으며,
貪婪無厭　탐욕 부리기에 싫증을 모르고
呪詛求直　저주하면서 정직함을 구하며,
嗜酒悖亂　술에 취해 행패 부려 어지럽히고
骨肉忿爭　골육 친족 간에 분쟁을 일삼으며,
男不忠良　남편으로서 충실하거나 선량하지 않고
女不柔順　아내로서 부드럽게 순종하지 않으며,
不和其室　가정에 화목하지 못하고
不敬其夫　남편을 공경하지 못하며,
每好矜誇　매번 자기 자랑이나 떠벌리기 좋아하고
常行妒忌　항상 시기와 질투만 일삼아
無行於妻子　처자식에게 가장의 행실을 못하고,
失禮於舅姑　시부모에게 며느리 예절을 잃으며,
輕慢先靈　조상의 영혼을 가벼이 천대하고

違逆上命	국가의 명령을 거슬러 어기며,
作爲無益	몸은 쓸모없는 짓을 일삼고
懷挾外心	마음은 엉뚱한 딴 생각을 품으며,
自呪呪他	스스로 저주하고 남을 저주하며
偏憎偏愛	편파로 미워하고 편파로 예뻐하며,
越井越竈	우물과 부엌을 가로지르고
跳食跳人	음식과 사람을 뛰어넘으며,
損子墮胎	자식을 해치거나 태아를 지우고
行多隱僻	행실을 숨기거나 거동이 편벽하며,
晦臘歌舞	그믐날과 섣달에 노래하거나 춤추고
朔旦號怒	초하루나 설날에 울부짖거나 분노하며,
對北涕垂及溺	북쪽 향해 눈물 흘리거나 침 뱉거나 오줌 싸고
對竈吟咏及哭	부엌 향해 읊조리거나 탄식하거나 소리 내 울며,
又以竈火燒香	부엌의 불로 향을 사르고
穢柴作食	더러운 땔감으로 밥을 지으며,
夜起裸露	밤에 일어나 벌거벗은 채 앉아 있고
八節行刑	여덟 절기[38]에 형벌을 집행하며,
唾流星指虹霓	별똥별에 침 뱉거나 무지개를 손가락질하고
輒指三光	문득 세 빛(해·달·별)을 손가락질하거나
久視日月	해와 달을 오랫동안 바라보며,

---

38) 여덟 절기(八節): 입춘·입하·입추·입동의 4립(立)과 하지·동지의 2지(至) 및 춘분·추분의 2분(分)을 가리킴.

春月燎獵　　봄에 들불 놓거나 사냥하여 생명 죽이고
對北惡罵　　북쪽 향해 악담과 욕설 퍼부으며,
無故殺龜打蛇 까닭 없이 거북이를 죽이거나 뱀을 쳐 죽인다.

如是等罪　　이와 같은 죄악들은,
司命隨其輕重 운명(수명)을 맡은 신명들이 경중에 따라,
奪其紀算　　무거우면 12년 수명을, 가벼우면 백일 운수를 뺏는다.
算盡則死　　그 운수가 탈진하면 곧 죽고,
死有餘責　　죽어도 남은 죄책이 있으면,
乃殃及子孫　이내 그 재앙이 자손에게 미친다.
又諸橫取人財者 또 남의 재물을 가로채거나 빼앗은 자는,
乃計其妻子家口以當之 그 처자식이나 가족으로 셈하여 충당하고
漸至死喪　　점차 죽음과 초상에 이르게 한다.
若不死喪　　만약 죽어 초상나지 않으면,
則有水火盜賊遺亡器物 곧 물난리나 화재·도적·기물의 분실이나
疾病口舌諸事 질병·구설수 등 온갖 재난을 내려,
以當妄取之値 망령되이 가로챈 재물의 가액을 충당한다.
又枉殺人者　또 남을 억울하게 죽인 자는
是易刀兵而相殺也 곧 창칼을 바꾸어 서로 죽이게 된다.
取非義之財者 의롭지 못한 재물을 취득한 자는
譬如漏脯救飢 마치 썩어 문드러진 고기로 굶주림 채우고
鴆酒止渴　　독약 탄 술로 목마름 풀려는 것과 같아서,

非不暫飽	단지 잠시도 배부를 수 없을 뿐만 아니라,
死亦及之	곧 고통스러운 죽음만 따르게 된다.
夫心起於善	무릇 마음이 착한 생각을 일으키면,
善雖未爲	비록 선을 아직 행하지 않았을지라도,
而吉神已隨之	길한 신명이 이미 그를 따른다.
或心起於惡	거꾸로 마음이 악한 생각을 일으키면,
惡雖未爲	비록 악을 아직 범하지 않았을지라도,
而凶神已隨之	흉악한 귀신이 이미 그를 뒤따른다.
旣有曾行惡事	설령 일찍이 악한 일을 행했더라도,
後自改悔	나중에 스스로 뉘우치고 고쳐,
諸惡莫作	어떠한 죄악도 짓지 않고
衆善奉行	뭇 선행을 받들어 행하면
久久必獲吉慶	오래 쌓여 반드시 길한 경사를 얻으리니,
所謂轉禍爲福也	이른바 재앙을 돌이켜 복을 만드는 법일세!
故吉人語善	그러므로 길한 사람은 선을 말하고
視善行善	선을 보며 선을 행한다네.
一日有三善	이렇듯 하루 세 가지 선을 닦고 쌓으면,
三年天必降之福	3년 안에 하늘이 반드시 그에게 복을 내리네.
凶人語惡	거꾸로 흉한 사람은 악을 말하고
視惡行惡	악을 보며 악을 행한다.
一日有三惡	이렇듯 하루 세 가지 악을 짓고 범하면,
三年天必降之禍	3년 안에 하늘이 반드시 그에게 화를 내리네.

胡不勉而行之 그러니 어찌 힘써 수행하지 않으리까?

* 역자 주 : 마지막 구절은 "예(禮)가 아니면 보지도 말고 듣지도 말며 말하지도 말고 움직이지도 말라(非禮勿視·勿聽·勿言·勿動)."는 공자의 가르침과 일치한다.

태상감응편 인광 대사 서문(印光大師序)

인간의 천성은 본디 선량한데, 바깥 사물을 대하고 속세의 인연에 얽혀서 점검과 단속을 소홀히 하면, 금세 각종 집착·망상·편견들이 벌떼처럼 일어나기 쉽다. 그러면 착한 본성은 온데간데없이 파묻혀 사라지고 마는 경우가 비일비재하다. 이러한 까닭에, 옛 성현들은 각각 훌륭한 가르침의 말씀을 남기셨으니, 바로 사람들이 이를 실행하여 애초의 천성을 회복하도록 바라신 까닭이다. 그러한 말씀과 문자는 매우 많지만, 그 행실 내용은 '격물치지(格物致知) 하고 명덕을 밝혀서(明明德) 지극한 선에 그치는(止至善)' 것에서 크게 벗어나지 않는다.

이른바 '격물(格物)'이란 무엇인가? 격(格)은 격투(格鬪: 몽둥이로 치고 싸우다)나, 또는 한 사람이 만 명의 적을 대항하여 싸우는 것과 같다. 또 물(物)은 번뇌 망상으로, 흔히 말하는 인간의 욕망(人欲, 즉 物慾)을 가리킨다. 번뇌 망상의 욕망과 싸움에는, 반드시 한바탕 강인하고 결연한 용기와 의지를 겁 없이 다짐하여야, 비로소 실효(實效)를 얻을 수 있다. 그렇지 못하면 마음이 바깥 사물에 따라 움직이게 될 것이니, 어떻게 사물과 격투(格物)할 수 있겠는가?

치(致)란 끝까지 밀어붙여 확충함(끝을 봄)을 일컫는다. 또 지(知)란 우리 인간이 본래부터 타고난 지성, 즉 부모를 사랑하고 윗사람을 존경하는 양지(良知: 선량한 앎음알이, 良識)로서, 교육이나 학습을 통하지 않고서 처음부터 타고난 본능이다. 그러나 보통 사람들은 일상생활 속에서 성찰과 점검을 하지 않기 때문에, 그냥 사물에 따라 움직이고, 마침내 부모 사랑이나 윗사람 존경과 같은 양지(良知)조차 잃어버리고 만다. 하물며 이러한 양지를 끝까지 밀어붙여 확충함으로써, 만사에 두루 대응하고 자기 심성을 함양할 수 있겠는가? 이러한 까닭에, 성현은 사람들이 명덕(明德)을 밝혀 지극한 선에 머물도록 하기 위하여, 맨 처음 실행에 착수할 곳으로 먼저 '격물치지'를 거론하였으니, 그 말씀 내용과 수행은 더할 나위 없이 신묘하다.

그러나 보통 사람들이 이에 따라 심성을 함양·수행하도록 만들려면, 모름지기 일정한 모범이 있어야 비로소 유익하게 된다. 사서오경(四書五經)과 같은 고전이 모두 그러한 모범이지만, 그러한 모범은 문자가 너무 방대하고, 또한 여러 서적에 널리 흩어져 있다. 그래서 체계 있게 분류·편집하지 않으면 법도로 삼기가 자못 어렵고, 또한 글을 많이 공부하지 않은 사람들은 더더욱 전형적인 모범으로 받들어 행할 방법이 없다.

　　태상감응편(太上感應篇)은 길함을 맞이하고 흉함을 피하며, 선에게 복을 주고 악에게 화를 내리는 지극한 진리를 핵심 요체만 간추려 모은 훌륭한 글로, 하늘을 밀쳐 올리고 땅을 움직이며, 눈을 비비게 하고 마음을 놀라게 하는 문장이다. 무엇이 선이고 무엇이 악이며, 선을 행하면 어떤 선한 보답을 받고 악을 행하면 어떤 악한 보답을 얻는지, 그 근원을 모두 파헤쳐 명약관화(明若觀火)하게 밝히고 있다. 무릇 어리석은 사람이 선을 행하지 않고 제멋대로 악을 저지르는 까닭은, 대개 사리사욕의 이기심에 따라 움직이기 때문이다. 그런데 지금 사리사욕으로 도리어 큰 이익을 잃고 커다란 재앙만 얻는다는 사실을 알게 되면, 누가 감히 선행을 실천하여 화가 사라지고 복이 모여들기를 바라지 않겠는가? 이렇게 본다면, 태상감응편(太上感應篇)이 인간에게 끼치는 이익은 정말 막대하다.

　　그래서 옛날 대선비(大儒)들은 이 글에 따라 묵묵히 수양하는 자가 많았다. 청(淸)나라 때 장주(長洲)의 팽응지(彭凝祉)는 어려서부터 이 글을 봉행하여, 마침내 진사(進士) 시험에 장원(壯元) 급제하고 전찬(殿撰: 翰林院修撰)에 부임하는 영예를 안았다. 그는 관직이 상서(尙書: 六曹의 장관)에 오른 뒤에도 여전히 매일 이 글을 봉독하면서, 손수 붓으로 써서 다른 사람들에게도 증정하곤 하였는데, "장원이나 재상이 되는 자는 반드시 이 글을 읽는다."는 표제를 달았다고 한다. 그리고 이 표제를 해석해 주기를, "이 글을 읽으면 곧 반드시 장원이나 재상이 된다는 말이 아니라, 장원이나 재상이 되려는 자는 결코 이 글을 읽지 않을 수 없다는 의미다."라고 부연했다. 그가 발휘한 정신은 정말 지극히 철저했는데, 과연 인애와 지혜도 각기 그 사람의 성질에 따라서 드러나기 마련인가 보다.

이 글은 궁극에는 신선(神仙)이 되는 데 멈춘다. 만약 대보리심(大菩提心: 大道正覺을 추구하는 마음)을 가지고 이를 실행한다면, 충분히 평범을 초월하여 성현의 경지에 들어가(超凡入聖) 생사를 해탈하고, 3대 미혹(迷惑)[39]을 끊어 법신(法身: 영구 불변의 진리의 몸)을 증득하며, 복과 지혜를 원만히 겸비하여 불도(佛道)를 성취할 것이다. 하물며 구구하게 신선이 되어, 인간이나 천상의 조그만 과보를 누리는 데 비하겠는가?

이 글의 주해서(註解書)는 몹시 많다. 그 가운데 대저 청나라 때 원화(元和) 혜동(惠棟)의 전주(箋註)가 가장 정밀하고 심오하며 웅굉(雄宏)하나, 다만 박학다식한 선비가 아니면 볼 수 없는 점이 애석하다. 다음으로 휘편(彙編)이 있는데, 실로 고아(高雅)한 선비나 평범한 속인 모두 동시에 볼 수 있는 최상의 주석본이다. 하지만 문장에 통달하지 못한 부녀자나 어린애는 잘 이해

---

[39] 3대 미혹(迷惑): 불교에서 말하는 중생들의 세 가지 큰 번뇌. 첫째는 사견(邪見)과 탐·진·치(貪瞋癡)의 견사혹(見思惑), 둘째는 보살이 중생을 교화할 때 봉착하는 진사혹(塵沙惑), 셋째는 근본 무명의 미혹(根本無明惑)이다.

하기 어려운 점이 흠이다. 오직 직강(直講) 이 책만이 모든 사람에게 두루 유익하면서, 문장이 비록 그리 깊지 않아 의미가 쉽게 드러나면서도, 문자가 몹시 우아하고 아름다워 결코 속(俗)되지 않으니, 사람들을 감동시키기가 가장 쉽다.

뜻 있는 선비들이 이 글을 인쇄하여 유포하니, 이 글이 세상 도처에 두루 퍼져서, 사람마다 온갖 선행을 닦아, 집안이 화목하고 가족이 효도·우애하길 바라마지 않는다. 화와 복은 오직 사람 스스로 불러들이는 것이고, 선과 악에는 각각 보답과 감응이 따른다. 이러한 인과법칙을 안다면, 누가 감히 죄악을 저질러 화를 자초(自招)하려고 들겠는가? 이러한 기풍이 한번 크게 진작하여 선행에 선의 보답이 내려진다면, 예절과 양보가 흥성하고, 총칼의 전쟁 혼란이 영원히 잦아들며, 백성이 안락하고 천하가 태평스러워질 것이다.

원컨대, 재력(財力)이나 지력(智力)이 있는 사람들은, 더러 이 글을 인쇄하여 널리 유통시키거나, 더러 이 글을 강의하여 현신설법(現身說法)하기 바란다. 그래서 타고난 본성을 아직 잃지 않은 자들은 더욱 순수하고 천진해지며, 타고난 본성을 이미 잃어버린 자들은 한시 바삐 그 처음 천성을 회복할 수 있도록, 부디 잘 이끌어주고 건져주길 바란다. 그렇게 한다면, 그 공덕을 어찌 말로 다할 수 있겠는가?

중화민국 17년(1928년) 석인광(釋印光) 씀.

태상감응편 중판 서문

불교 경전에 "모든 법은 인연으로 생겨난다(萬法因緣生)."는 말이 있다. 인(因)이란 결과(果)의 이전 원인(前因)이며, 연(緣)이란 결과의 4종 연분(四緣: 因緣, 次第緣, 緣緣, 增上緣)이다. 천지자연의 건곤 만상(乾坤萬象)과 구계 만사(九界萬事)를 총괄하여 법(法)이라고 부르고, 법을 이루는 것이 결과(果)이니, 무릇 결과가 이루어짐에 무엇인들 인연(因緣)을 말미암지 않겠는가?

단지 그 일이 현저함도 있고 은밀함도 있으며, 근접함도 있고 요원(遙遠)함도 있어서, 지혜로운 사람은 은밀하고 요원한 것도 밝게 통찰할 수 있는데, 보통 사람은 단지 현저하고 근접한 것만 알아볼 수 있을 따름이다. 이러한 까닭에, 부처님께서 비로소 중생을 5승(五乘)으로 분류하여 설법하였다. 인간과 천상의 평범승(凡乘)은 쉽게 드러나 보이는 세간의 인과이나, 보살과 성문(聲聞)의 성현승(聖乘)은 밝히기가 어려운 출세간(出世間)의 인과이다.

중생의 근기(根器)가 천차만별이기 때문에, 일시적인 권의

(權宜: 方便)와 항상적인 실체(實體: 實相)는 반드시 그 기미(機微)에 부합하여야 한다. 따라서 권의란 잠시 빌려 실체를 드러내는 수단 방편이고, 5승이란 궁극에 하나의 깨달음으로 귀결하도록 인도하는 길이다. 만약 오로지 유일승(唯一乘)만을 꼭 고집하고 방편 법문을 베풀지 않는다면, 이는 계단도 없이 누각에 오르고, 꽃도 피지 않고 열매 맺기를 바라는 것과 같다. 그렇게 누각에 오를 수 있는 사람과 열매 맺을 수 있는 나무가 과연 몇이나 되겠는가?

태상감응편(太上感應篇)은 도가(道家)에서 권선징악(勸善懲惡)하는 글이다. 그 문장은 질박한 걸 숭상하여 화려한 수식이 없으며, 그 말은 구체적인 일을 예로 들어 공덕과 죄악을 밝히고 있다. 때문에 부녀자와 어린애도 능히 깨우칠 수 있고, 우아함과 통속성 모두 다치지 않고 보존하고 있다. 정말로 지극히 완고하고 어리석은 자가 아니면, 이를 듣고서도 화를 피하고 복으로 향하는 마음을 일으키지 않을 자가 없을 것이다. 그러니 이 글이 세상의 풍속 교화를 돕고, 인간과 천상 사이의 길을 열어줌에, 어찌 그 효험이 적다고 할 수 있겠는가?

그런데 우리 불교계에서 고지식하게 막힌 인사들은, 이 글이 세간의 유위적(有爲的)인 수행 방법이고, 더구나 우리 불교의 것이 아니라는 이유로, 대부분 무시하고 소홀히 대하는 듯하다. 심지어는 이 글이 널리 퍼져 읽히도록 칭송하고 서문을 친히 쓰신, 우리 정토종(淨土宗)의 인광 대사(印光大師)를 비방하기까지 한다.

오호라! 그들이 사려가 깊고 넓지 못하기 때문이다. 비록 유위의 선행이지만, 이를 기꺼이 수행하려는 자는 이미 인간과 천상의 평범승(凡乘)에 들어선 것이다. 또 이들을 다시 잘 유도해 정진하도록 이끈다면, 이 어찌 최상의 불승(佛乘: 보살승)으로 이어지는 교량이 되지 않겠는가?

하물며 불교의 문중(門中)에는 어떠한 한 법(法)도 버림이 없지 않는가? 타인의 선행이 있으면, 이를 칭찬하고 도와 완성시켜 주며, 기회를 놓치지 않고 인연 따라 교화를 베푸니, 이것이 바로 수시로 권의(權宜)를 베풀어 모든 중생을 널리 포섭하는 위대한 방편법문이 아닌가?

옛날 명(明)나라 말엽에 우익 대사(蕅益大師)는 일찍이 주역(周易)과 사서(四書)를 연구하여 주석서를 내었고, 몽안 개사(夢顏開士)[40]는 도가의 음즐문광의(陰騭文廣義)를 저술하기도 하였다.

불교의 대장경(大藏經) 가르침 안에는, 매번 바라문(婆羅門)을 경시하지 말라는 훈계(訓誡)가 있다. 이는 불교가 그들의 선을 함께 더불어 포용하고, 그들의 정진을 긍정하지 않음이

---

40) 몽안 개사(夢顏開士): 개사란 개오(開悟)한 선비, 또는 정법(正法)으로 중생을 개도(開導)하는 선비의 뜻으로, 본래 보살을 지칭하는 용어였으나, 나중에 스님(和尙)에 대한 존칭으로도 쓰이고 있음. 주몽안(周夢顏)은 안사전서(安士全書)를 남겼으며, 간추린 전기는 앞서 소개한 내용을 참고 바람.

없다는 뜻이다. 이러한 즉, 바로 "선은 내가 선하게 대하고, 정진은 내가 정진으로 장려한다."는 공자의 가르침과 같다. 무릇 욕망이란 나쁜 것인데도, 오히려 타산지석(他山之石)의 귀감으로 빌려 쓸 수 있거늘, 하물며 이 글처럼 선량한 말이 어찌 교량으로 삼기에 적합하지 않단 말인가?

『지장보살본원경(地藏菩薩本願經)』에서 설법하는 내용이 대부분 세간의 인연임을 한번 생각해 보라. 그 설법 당시를 살펴보면, 세존(世尊: 부처님)께서 막 열반에 드시려던 때였다. 오호라! 화엄경(華嚴經)과 법화경(法華經)의 두 경왕(經王: 경전 중의 으뜸 왕) 사이에는 서로 40년간의 시간 간격이 있다. 그 사이에 설법하신 뭇 경전은 항하(恒河: 갠지스 강)의 모래알처럼 수많은 미묘한 의리(義理)임에 틀림없다. 그런데 최후에 부처님께서 명명백백한 인과응보의 법칙으로 복귀한 사실은, 어찌 심오한 의미를 함축하지 않겠는가?

요즘의 석학(碩學)들을 두루 관찰해 보면, 이른바 학문이 진전할수록 도(道)는 퇴보하고 있다. 또 변설(辯說)은 공리공담(空理空談)을 일삼으면서, 인과응보를 언급하는 자가 심히 적다. 심지어 이를 입에 담기조차 부끄러워하는가 하면, 점차 눈 씻고도 찾아보기 어려운 개탄의 지경까지 이르고 있다. 학풍(學風)이 이러할진대, 도리어 학문에 입문하지도 않은 자가 근신하고 성실하게 공덕을 쌓는 것만 훨씬 못하다. 세존께서 최후에 지장경을 설법하신 것도, 바로 동서고금의 공통적인 개탄이 아니겠는가?!

　아들 친구인 김천탁(金天鐸) 학사(學士)는 정토종의 독실한 수행인이다. 그 선친(先親)은 유명한 고관(高官)으로, 이 태상감응편을 공경스럽게 봉행하고, 또한 그 아들에게 이 글을 인쇄·보시하여 세인에게 선행을 권장하도록 유언하였다고 한다. 그래서 학사가 나에게 서문을 요청해 왔다. 이에 내가 몹시 감탄하였다.

　"효성스럽도다, 선친의 유지(遺志)를 실행할 수 있다니!"

　그리고 어떤 사람에게 증정할지 물어보았다. 그가 믿는 사람에게 증정하겠다고 답하기에, 내가 다음과 같이 그에게 반론하였다.

　"그렇지 않소. 우매한 자에게 증정하는 편이 낫소. 대저 믿는 자들은 반드시 나름대로 실행하는 게 있소. 마치 건강한 사람은 섭생(攝生: 영양과 위생, 건강 유지) 방법을 알기 때문에, 의학을 천천히 가르쳐 주어도 되는 것과 같소. 그러나 어리석은 자와 사견(邪見)에 미혹한 자는, 마치 몹시 쇠약하면서 무서운 질병에 걸려 있는 중환자와 같아서, 의약 시술을 조금이라도 늦출 수 없는 시급한 상황에 놓여있는 것이오."

　"삼장(三藏)의 경전을 통달하고 만 구절의 게송(偈頌)을 암송하더라도, 참선(參禪: 靜坐) 방석 절반도 닳게 하지 못하고, 염주(念珠) 한 꾸러미도 끊어뜨리지 못했으면서, 입만 열면 고담준론(高談峻論)으로 활달한 공허에 빠지는 자들이야말로, 정말 우매한 자 중의 우매한 자라오. 이들은 질병이 장차 고황(膏肓: 회생 불능의 치명적인 급소)에 퍼질 위급한 환자니, 그들에게 의약을 투여함이 우선순위 중에 최우선해야 할 급선무라오."

"무릇 인과법칙은 떨어지지도 않고 어리석지도 않으며, 한 마디 말로 향상하고 타락하나니, 진실로 말로써 마음의 소리(心聲)를 삼으면, 향상과 타락이 모두 마음으로 말미암아 지어지는 것이오. 그러니 이러한 태만과 공경의 기미 분별을 어찌 두려워하지 않을 수 있겠소? 하물며 인과법칙은 어떠한 지역이나 경계의 구분도 없지 않소? 한번 연분이 생겨나면 마음을 가리켜 성품을 보는(指心見性) 것만 못하여, 우리 불교에서 유독 존숭(尊崇)하는 종지(宗旨)라오. 이를 배척하는 언론은 이미 인과를 부정하여, 허무주의에 빠진 사견(邪見)에 가깝게 되오. 그래서 내가 우매한 자에게 먼저 증정하는 편이 낫다고 말하는 것이오."

이에 김학사가 깜짝 놀라며 "정말 그렇습니까?!"라고 묻기에, 내가 다시 장중한 말로 그의 믿음을 견고하게 북돋워주었다. 마침내 그가 "좋습니다."라고 승낙하기에, 내가 흔연히 그의 태상감응편 중판 인쇄를 위해 새로운 서문을 쓰는 것이다.

중화민국 계묘년(癸卯年: 1963) 중추절에 기우헌(寄漚軒)에서
직문(稷門) 리병남(李炳南) 적음.

【부록4】

주자가훈(朱子家訓)
원명: 주백려 치가격언(朱柏廬治家格言)[41]

새벽 날이 새거든
곧 일어나 마당에 물 뿌리고 비질하여,
집 안팎을 깨끗이 청소하고 정돈한다.

저녁 날이 어두워지면,
휴식하기에 앞서 문과 창을 닫아 잠그고,
반드시 집안을 점검한다.

---

41) 주백려(朱柏廬. 1617~1688, 강소(江蘇) 곤산(昆山) 출신. 본명은 용순(用純)이고, 자(字)는 치일(致一)이며, 백려(柏廬)는 자호(自號). 명(明) 말엽에 생원(生員)이 되었으나, 청초(淸初)에는 향리에 거주하며 학생을 가르치고, 특히 강희(康熙) 때는 박학홍유과(博學鴻儒科)에 초청을 받았으나, 결연히 사양하고 부응하지 않았다. 정자(程子)와 주자(朱子)를 근본으로 지행병진(知行幷進)을 주장했다. 치가격언(治家格言)이 널리 전하고, 이밖에 대학중용강의(大學中庸講義)와 괴눌집(愧訥集) 등의 저서가 있다.

죽 한 사발 밥 한 그릇도 내가 먹기까지
쉽지 않은 과정을 거쳐 온 줄 마땅히 생각하고,
실 한 올 천 한 조각도 내가 걸치기까지
어려운 물자를 들여 만든 줄 항상 기억하라.

비가 내리기 전에 미리 집을 잘 수리할 것이며,
목마름에 닥쳐 비로소 우물을 파는 일이 없도록 하라.

자신의 씀씀이는 반드시 검소하게 절약하고,
손님을 접대함에 결코 인정(人情)에 질질 끌리지 말라.
기물(器物)은 질박하고 청결하면,
비록 질그릇이라도 황금 보옥보다 좋고,
음식은 간단하고 정갈하면,
설령 채소뿐이라도 산해진미보다 낫다.

각종 외간 부녀자[42]들은 실로 음란과 도적의 빌미이며,
아름다운 하녀와 예쁜 첩은 집안의 복이 아니다.
종과 머슴은 잘생긴 미남을 쓰지 말고,

---

42) 원문은 '삼고육파(三姑六婆)'로서, 세 아낙과 여섯 노파의 의미다. 세 아낙이란 비구니(여자 승려: 尼姑)·여자 도인(道姑)·점쟁이(卦姑)이고, 여섯 노파란 혼인 중매인(媒婆)·노비나 하인을 매매하는 중개인(牙婆)·여자 무당(師婆)·매춘부(虔婆: 妓女)·질병 고치는 노파(藥婆)·아기 받는 산파(穩婆)이다.

아내와 첩은 요염한 화장을 절대 금기하라.

조상은 비록 먼 윗대라도
제사를 정성껏 모시지 않을 수 없고,
자손은 비록 어리석더라도
경전을 열심히 배우지 않으면 안 된다.

스스로 처신함에는 검소하고 질박하기에 힘쓰며,
자식을 가르침에는 정의롭고 방정(方正)하게 이끈다.

뜻밖의 횡재를 탐내지 말며,
지나친 음주는 즐기지 말라.

행상(行商)과 거래함에는 싸게 흥정하지 말고,
곤궁한 이웃을 보거든 따뜻이 보살필지어다.

각박하게 일으킨 가업(家業)은 오래 누릴 리 없으며,
윤리도덕 어그러뜨리는 자는 금방 패가망신할 것이다.

형제와 친척 사이에는
넉넉한 재산을 궁핍한 이에게 나눠주고,
위아래와 내외간에는

엄숙한 예법과 공경한 언사를 지켜야 한다.

아내 말 듣고 골육의 은정(恩情)을 저버리면
어찌 대장부라 하리요?
재물을 중시해 부모를 박대한 놈은
자식이라고 할 수도 없다.

딸 시집 보낼 때는 선량한 사위를 가리되,
부유한 재산을 찾지 말며,
며느리 맞을 때는 정숙한 처녀를 구하되,
화려한 혼수를 따지지 말라.

부귀한 자를 보고 아첨하는 낯빛을 내면
가장 수치스럽고,
빈궁한 이를 만나 교만한 태도를 지으면
더할 수 없이 비천하다.

집안에 거함에는 쟁송을 삼가라.
쟁송하면 끝내 흉악하다.
세상에 처함에는 수다 떨지 말라.
말이 많으면 반드시 실수한다.

위세를 빙자해 외롭고 불쌍한 이를 괴롭히지 말며,
입맛에 탐닉해 산 짐승을 함부로 죽이지 말라.

괴팍하게 굴면서 스스로 옳다고 여기면,
잘못과 후회가 반드시 많아지며,
퇴폐에 빠져 나태하고 자포자기 하면,
집안의 기반을 다지기 어렵다.
불량한 젊은이를 가까이 사귀면,
장래에 반드시 그 죄악에 말려들 것이며,
지혜로운 어른을 겸허히 따르면,
위급함이 닥쳐도 그 덕망에 의지할 수 있다.
사람의 말을 쉽게 믿고 따르면,
어찌 남이 헐뜯고 아첨함을 분간할 수 있으리오?
마땅히 참고 기다리며 세 번 생각하라.

사소한 일마다 서로 다투면,
어찌 내가 그릇되지 않다고 장담할 수 있겠는가?
모름지기 마음을 가라앉히고 거듭 반성하라.

자신이 베푼 은혜는 마음에 두지 말고,
남에게 받은 은덕은 마음에 잊지 말라.

만사에 임하여는 마땅히 여지(餘地)를 남겨둘 일이며,
뜻을 얻는 경우 더 이상 계속 나아가면 안 된다.
남에게 기쁜 경사가 있을 때는
질투심을 내어서는 안 되고,
남에게 슬픈 환난이 생긴 때는
환희심을 내어서는 안 된다.

선행을 남이 보아주기 바라면 참된 선이 아니고,
죄악을 남이 알까 두려워하면 정말로 큰 악이다.

미색(美色)을 보고 음란한 마음을 일으키면,
그 보답이 아내와 딸에게 되돌아오고,
원한을 숨기고 중상모략을 행하면,
그 화근이 후대 자손에게 미친다.

집안이 화목하고 온순하면,
밥 끼니를 못 잇더라도 넉넉한 기쁨이 감돌고,
나라에 조세를 일찍 납부하면,
호주머니 남은 돈 없어도 지극한 즐거움 절로 인다.

글공부는 성현 정신을 본받아 행함에 뜻 있으며,
단지 과거에 급제하기 위한 것은 아니다.

벼슬아치는 국가민족의 번영을 도모함에 마음 두며,
단지 자신과 집안을 위한 것은 아니다.

분수를 지키고 운명을 편안히 받아들이며,
때에 순응하고 하늘의 뜻에 따를지어다.

만약 사람됨이 이와 같다면,
성현의 도에 가깝다고 할 것이다.

보리(진리)를 깨닫는 방편문

금타 화상(金陀和尙)

I

　마음은 허공과 같을새, 한 조각 구름이나 한 점 그림자도 없이 넓고 끝없는 허공 같은 마음 세계를 관찰하면서 청정법신(淸淨法身)인 비로자나불(毘盧遮那佛)을 생각하고, 이러한 허공 같은 마음 세계에 해와 달의 빛을 초월하는 금색광명을 띤 티 없이 맑은 물이 충만한 바다와 같은 성품바다를 관찰하면서 원만보신(圓滿報身)인 노사나불(盧舍那佛)을 생각하며, 안으로 생각이 일어나고 없어지는 형체 없는 중생과 밖으로 해와 달과 별과 산과 내와 대지 등 삼라만상의 뜻이 없는 중생과, 또는 사람과 축생과 꿈틀거리는 뜻이 있는 중생 등의 모든 중생들을, 금빛 성품바다에 바람 없이 금빛 파도가 스스로 뛰노는 거품으로 관찰하면서 천백억화신(千百億化身)인 석가모니불(釋迦牟尼佛)을 생각하고, 다시 저 한량없고 끝없이 맑은 마음세계와 청정하고 충만한 성품바다와 물거품 같은 중생들을 공(空)과 성품(性)과 현상(相)이 본래 다르지 않게 한결같다고 관찰하면서, 법신(法身)·보신(報身)·화신(化身)의 삼신(三身)이 원래

한 부처님인 아미타불(阿彌陀佛)을 항시 생각하면서, 안팎으로 일어나고 없어지는 모든 현상과 헤아릴 수 없는 중생의 덧없는 행동들을 마음이 만 가지로 굴러가는 아미타불(阿彌陀佛)의 위대한 행동 모습으로 생각하고 관찰할지니라.

청화 화상(淸華和尙) 풀이

운명을
뛰어 넘는 길

1997년 3월 5일 초판 1쇄 발행
2023년 11월 3일 개정판 9쇄 발행

지은이 원황 • 옮긴이 김지수
발행인 박상근(至弘) • 편집인 류지호 • 편집이사 양동민
편집 김재호, 양민호, 김소영, 최호승, 하다해 • 디자인 김소현
제작 김명환 • 마케팅 김대현, 이선호 • 관리 윤정안
콘텐츠국 유권준, 정승채, 김희준
펴낸 곳 불광출판사 (03169) 서울시 종로구 사직로10길 17 인왕빌딩 301호
 대표전화 02) 420-3200 편집부 02) 420-3300 팩시밀리 02) 420-3400
 출판등록 제300-2009-130호(1979. 10. 10.)

ISBN 978-89-7479-852-9 (02220)
값 14,000원

잘못된 책은 구입하신 서점에서 바꾸어 드립니다.
독자의 의견을 기다립니다. www.bulkwang.co.kr
불광출판사는 (주)불광미디어의 단행본 브랜드입니다.